성스러운 한 끼

성스러운 한 끼

아라비아의 디저트부터 산사의 국수까지, 맛과 믿음의 음식인문학

초판 1쇄 인쇄 2020년 5월 20일
초판 1쇄 발행 2020년 5월 25일

지은이   박경은
펴낸이   이영선
책임편집   김선정

편집   김선정 김문정 김종훈 이민재 김영아 김연수 이현정 차소영
디자인   김회량 이보아
독자본부   김일신 김진규 정혜영 박정래 손미경 김동욱

펴낸곳 서해문집 | 출판등록 1989년 3월 16일(제406-2005-000047호)
주소 경기도 파주시 광인사길 217(파주출판도시)
전화 (031)955-7470 | 팩스 (031)955-7469
홈페이지 www.booksea.co.kr | 이메일 shmj21@hanmail.net

ISBN 978-89-7483-025-0 03900

이 도서의 국립중앙도서관 출판예정도서목록(CIP)은 서지정보유통지원시스템 홈페이지(http://
seoji.nl.go.kr)와 국가자료공동목록시스템(http://www.nl.go.kr/kolisnet)에서 이용하실 수
있습니다.(CIP제어번호: CIP2020018527)

* 이 책은 관훈클럽신영연구기금의 도움을 받아 저술, 출판되었습니다.

아라비아의
디저트부터
산사의 국수까지

맛과 믿음의
음식인문학

박경은 지음

성스러운 한 끼

서해문집

책을 쓰게 된 계기는 몇 년 전의 사소한 에피소드로 거슬러 올라간다. 여느 때처럼 내가 일하는 신문사 근처 빵집에서 샌드위치를 고르고 있는데, 두 중년 남녀가 숨을 몰아쉬며 빵집으로 들어섰다. 손에 든 비닐 봉투에서 이들이 거칠게 꺼내 매대 위에 던져놓은 것은 여기서 사 간 것으로 보이는 샌드위치였다. 이들은 "양심도 없이 이런 엉터리 샌드위치를 팔고 있다"며, "전에도 그냥 넘어갔는데 이번엔 도저히 참을 수 없다"고 소리를 높였다. 이들이 말하는 '엉터리 샌드위치'의 근거는 햄은 한 조각도 없고 햄과 비슷한 색깔의 치즈가 여러 장 겹쳐 들어가 있다는 것이었다. 즉 햄치즈 샌드위치처럼 생겼는데 햄이 없는 샌드위치를 속여 팔았다며 흥분했다. 그러자 빵집 주인은 어이없다는 표정으로, 매대 한쪽에 걸린 표지판을 가리키며 말했다.

"제가 이쪽 코너는 할랄 메뉴라고 말씀드렸잖아요. 그때도 이게 뭐냐고 물어보셨거든요."

"아무리 그래도 그렇지. 그러면 햄이 안 들어가 있다고 써놓든가 해야지요."

"모슬렘은 돼지고기 안 먹잖아요."

"그럼 좀 센스 있게 다른 고기로 만든 햄을 넣으면 안 돼요? 돼지 고기 안 먹는 게 무슨 벼슬도 아니고⋯⋯."

보는 사람 복장 터지게 만들던 이 대화는 바다 같은 이해심을 가진 주인이 샌드위치 값을 환불해주며 겨우 마무리됐다. 매장 안에 있던 몇몇 사람들과 나는 누가 먼저랄 것도 없이 눈빛을 나누며 이 황당함을 공유했다. 그런 손님이 종종 있다는 주인의 이야기에 다들 '무식하다', '인성이 덜 됐다', '기본 소양이 없다'며 한마디씩 거들었다. 나 역시 그 '진상' 손님에 대한 불쾌감을 거친 언사로 토로했다. 하지만 그 마음은 곧 부끄러움으로 바뀌었다. 먹고 싶은 대로 음식이 갖춰져 있지 않을 때나 식욕이 제대로 충족되지 못할 때면 까칠하게 튀어나오던 내 행동들, 원초적 호기심과 식탐으로 가득하던 내 탐식 인생이 그들과 크게 다르지 않은 듯했기 때문이다.

어린 시절부터 식탐이 강했던 나는 "일하기 싫은 자는 먹지도 말라"는 성경 구절이 유독 마음에 와 걸렸다. 이웃 사랑과 헌신, 희생을 이야기하는 기독교 정신에서 봤을 때 너무 야박한 것 아닌가. 물론 땀과 노동의 가치가 귀하다는 의미가 강조된 말이겠지만, 누구나 일하기 싫을 때가 훨씬 많지 않을까. 그런 사람들은 먹을 자격도 없는 거냐고 항변하고 싶었다.

특히 눈앞에 맛있는 음식이 있을 때면 어느새 이성 따위는 사라지곤 했다. 학교 앞 분식점이나 매점에선 누구보다 두드러진 존재감을 드러냈고, 먹는 양이나 속도에서는 늘 부동의 상위 1퍼센트였다. 새로 생긴 분식점이나 시장 노점상의 새로운 메뉴 이야기를 들으면 반드시 가서 먹어봐야 직성이 풀렸다. 중학교 시절 우연히 친구가 도시락 반찬으로 싸온 낙지젓갈을 맛보고는 말 그대로 눈이 뒤집혔던 적이 있다. 엄마를 졸라도, 동네 시장 아주머니에게 물어봐도 구하기 힘들었던 이 반찬을 얻기 위해 난 저금통을 깨서 당시 최고의 도시락 반찬이던 줄줄이 비엔나소시지를 친구에게 뇌물로 안겼다. 뒤돌아서면 배고프던 고등학교 시절엔 매점이나 분식점 메뉴로도 모자라 선생님 식당의 특식 메뉴에까지 눈독을 들이기도 했다. 내 식탐을 보며 선생님이나 친구들은 "맛있는 것 사준다는 이상한 사람 따라 나서지 않고 지금껏 무사히 자란 게 천만다행"이라고 했을 정도다.

심한 식탐을 빼면 나름대로 범생이에 가까웠다. 책도 많이 읽는 편이었고 수업시간에도 충실했는데, 단지 그 집중의 대상이 좀 달랐을 뿐이다.《알프스 소녀 하이디》에 나오는 '흰 빵'의 맛이 궁금해서,《신드바드의 모험》에 등장하는 달콤한 과자가 무엇인지 알고 싶어서, 가엾은 성냥팔이 소녀보다는 그 소녀가 부러워하며 들여다보던 따뜻한 거실 식탁의 먹음직스러운 음식을 먹어보고 싶은 생각에 빠지다 보니 책 한 권을 붙잡고 있는 시간이 오래 걸렸다. 중학교 국어 교과서에 실린 소설 〈요람기〉에서 춘돌이가 구워 먹었던 물까마귀 고기에 대한 궁금증 때문에 한동안 '참새구이'라는 메뉴판을 내건 대폿집이 눈에 띄면 그냥 지나치질 못했다. '물까마귀 구이도 파느냐'는 중학생의 황당한 질문에 당시 어른들은 감사하게도 "그런 건 없다"고 친절히 답해주었다. 매주 교회에서도 출애굽기에 나오는 만나와 메추라기는 어떤 맛이었을지, 예수님의 오병이어 기적에 등장하는 보리떡은 할머니가 가끔 만들어주시던 구수한 보리개떡과는 어떻게 다른지 궁금해서 좀처럼 설교에 집중할 수 없을 때가 많았다.

학교를 졸업하고 직장생활을 한 지 20년이 훌쩍 넘었지만 맛있는 먹거리 앞에서 정신 못 차리는 것은 여전하다. 오랫동안 나와 함께했던 선후배, 동료, 친구들은 언제나 메뉴를 정하는 전권을 내게 준다. 여행의 목적도 그때 그곳에서만 먹을 수 있는 먹거리에 맞춰진 지 오래다. 그렇다고 미각이 특별히 발달한 것도, 요리에 뛰어난 자질이 있는 것도 아니다. 먹는 양도 예전에 비하면 줄었지만, 그래도 살면서 가장 즐겁고 활기를 띠는 순간은 음식을 마주할 때다. 밥 먹으면서도 다음에 먹을 메뉴 이야기를 나누고, 수다를 떨 때도 먹는 이야기가 화제의 상당 부분을 차지한다.

많은 지인이 "그렇게 먹고 '썰' 푸는 걸 글로 한번 정리해보라"고

권했지만 딱히 써보고 싶은 마음이 들었던 적은 없다. 솔직히 자신도 없었다. 언제부턴가 TV에서 '먹방'이 유행하고 음식 관련 책도 쏟아져 나오기 시작했지만, 엄청난 경험과 지식과 감각과 독창성으로 무장한 흥미로운 책들을 보는 것만으로도 충분히 만족스러웠다.

그러던 중 앞서의 그 빵집 '사건'이 있고 얼마 후, 문화부장이던 김희연 선배와 밥을 먹다가 자연스럽게 그 이야기가 나왔다. 그러면서 이슬람교나 유대교 집안에서 태어났더라면 돼지고기도 못 먹고 어쩔 뻔했느냐는 둥, 중세 시대에는 스페인에서 유대인을 가려내기 위해 돼지고기를 먹어보게 했다는 둥 온갖 이야기를 주워섬겼다. 그러자 가만히 듣고 있던 선배는 "지금 말했던 것들을 글로 엮어봐도 재미있겠다"라고 했다. 순간 '그래볼까' 하는 마음과 함께 의욕이 솟기 시작했다. 의욕만 갖고 시작된 구상은 한국천주교주교회의 유은주 과장님, 한국불교문화사업단 김유신 부장님 두 분을 만나면서 구체적으로 발전할 수 있었다. 이 책이 나오기까지 많은 고마운 분들의 도움이 있었지만, 무엇보다 이 세 분이 없었다면 시작도 못했을 일이기에 특히 감사드린다.

음식을 먹는 것은 저마다 고유한 존재의 본질과 세계를 만들어가는 행위다. 그 행위의 방식과 특성에 가장 큰 영향을 미치는 것은 그들이 태어나고 자라고 소통하는 사회의 모든 요소일 것이다. 그리고 인류의 역사와 함께하며 오랫동안 정신문화를 지배해온 종교는 그 요소를 구성하는 기초다. 타인을 이해하고 받아들이는 것은 그들과 함께 무언가를 먹는 행위에서 시작될 수 있다. 하지만 상대의 식문화에 대한 낯섦이 상대의 세계를 거부하게 만드는 주된 요인이 아닐까 싶다. 심지어 상대가 먹는 음식이나 또는 먹지 않는 음식, 그 숭고한 음식이 조롱의 수단이자 공격의 칼날로 변하는 경우가 너무나 많다. 그 낯섦이 배척이 되고 혐오로 커지는 상황을 우리는 무수히 보아왔다. 이 책이 서로의 낯섦을 극복하는 데 조금이라도 도움이 된다면 좋겠다.

2020년 봄
박경은

차례

004   머리말

너무나 종교적인,

너무나 세속적인

016   가톨릭 신자는 왜 금요일에 물고기를 먹나

022   궁극의 채식주의, 자이나교에서 비건까지

029   "버터 섭취권을 팝니다", 버터와 종교개혁

037   성경 속의 최음제, 사랑의 묘약인가 악마의 식물인가

045   성욕 때문에 탄생한 음식, 콘플레이크

050   세상에서 가장 맛있는 음식, 다쿠앙과 단무지

056   슬픈 아티초크, 로마적인 너무나 로마적인

066   아라비아의 디저트, 달콤함은 믿음의 증거

072   아침 죽, 마음 밥상을 차리다

077   오신채, 스님의 수행을 해치는 다섯 가지 매운맛

086   이브를 유혹한 선악과는 토마토였다?

092   커피, '악마의 음료'에 세례를!

097   포도주 대신 웰치스 주스!

하늘엔 영광,

식탁엔 축복

104   가톨릭과 정교회의 '최후의 만찬' 빵 논쟁

113   국수, 스님을 웃게 하는 특별식

119   그녀들의 브런치, 에그 베네딕트

125   눈물로 빚은 음식, 두부

135   덴푸라, 레이스 튀김옷이 아스라한 순수한 맛의 제국

141   라마단과 대추야자, 그리고 터키식 이프타르 정찬

153   모든 종교는 무화과로 통한다?

161   '베드로의 물고기'를 먹으러 갑니다

169 부활절 식탁 – 달걀, 양고기, 빵과 케이크…

175 사육제 소시지와 사순절 청어의 싸움, 프레첼 빵

186 사찰음식의 끝판왕, 수륙재 상차림

192 성경에는 아몬드, 올리브, 알로에가 없다?

201 세계 각국의 크리스마스 빵

208 야곱의 팥죽과 렌틸콩

214 우주를 먹다, 시래기밥은 식물에 대한 예의

220 인도에도 쇠고기가 있다!

227 치즈버거 NO! 유대교 코셰르 음식을 소개합니다

먹는 인간,

수행하는 인간

240 교황의 요리책

247 사찰음식계의 세계적 스타, 정관 스님에게 묻다

253 사찰음식, 어디 가서 먹을까

259 술 마시면 지옥? 금주는 개종의 징표

267 '식욕'을 대하는 종교의 자세

272 신부님과 보신탕

277 임실 치즈, 불모의 땅에서 기적을 일궈낸 벨기에인 신부님

288 코셰르 김치를 아시나요? 한국의 랍비 가정 방문기

295 한·중·일 삼국의 사찰음식, 뭐가 다르고 뭐가 같을까

302 주

중국의 채식주의, 자이나교에서 비건까지

"버터 샘처럼 펼쳐라", 버터와 중고기혁

성경 속의 청묘체, 사랑의 묘약인가 악마의 식물인가

성욕 때문에 탄생한 음식, 푸룬케이크

세상에서 가장 맛있는 음식, 다쿠아과 단무지

슬픈 아티초크, 토마치인 너무나 토마치인

아라베이의 디저트, 달콤함은 믿음의 증거

아침 죽 마음 밤상을 차리다

오 신체, 스님의 수행을 해치는 다섯 가지 매운맛

이브를 유혹한 선악과는 토마토였다?

커피, 악마의 음료에 세례를!

포도주 대신 빨치스 주스!

너무나 종교적인

너무나 세속적인

가톨릭 신자는
왜 <u>금요일에 물고기를</u>
먹나

신문사 문화부 기자 책상의 특징이라면 정신 사납게 책이 쌓여 있다는 것이다. 늘 신간이 밀려드는데다 참고해야 할 관련 자료도 많아서다. 책상 주변을 오가는 무수한 사람들 역시 마구잡이로 쌓여 있는 책에 큰 관심을 갖지는 않는다. 눈에 번쩍 들어올 만큼 재미있어 보이는 책이라면 모를까, 대체로 그러려니 하고 지나친다.

어수선하기로 둘째가라면 서러울 만한 내 책상에도 늘 이런저런 책이 쌓여 있었다. 그런데 그중 유독 사람들의 눈길을 끌었던 책이 있다. 책꽂이에 꽂혀 있던 이 책의 제목을 본 열 사람 중 아홉은 "이건 어떤 책이냐?" 하고 물었으니 말이다.

《가톨릭 신자는 왜 금요일에 물고기를 먹는가》. 가톨릭 신자에겐 당연할지 모르겠지만 그렇지 않은 사람에겐 엄청난 호기심을 자극하는 제목이었나 보다. 하긴 자칭 가톨릭 신자라고 하는 이들 중에서도 이걸 궁금해하는 사람이 있긴 했다.

일단 이 책에 대해 간략히 설명하자면, 서구 문화가 얼마나 광범위하게 기독교 문화의 자장 안에 있는지에 대한 내용이다. 먹고 마시는 음식의 유래에서 온갖 관습과 언어, 문화, 사물의 이름에 이르기까지 다양한 소재가 어떻게 기독교적 연원을 갖는지 이 책을 읽으면 알 수 있다. 미국 베일러 대학교 교부학과 교수 마이클 폴리 Michael P. Foley가 썼다.

제목에 보이는 '금요일'과 '물고기'의 관계는 특히 흥미롭다. '금요일의 물고기 Fish on Friday'라는 말은 서구에서 고유명사처럼 통용되는데, 무슨 뜻일까? 고대 로마에서 기독교가 국교로 공인된 뒤 중세 문화는 기독교가 지배했다. 식생활도 마찬가지였다. 특히 금요일은 예수가 십자가에 못 박힌 '성 금요일'로 지켜져 왔다. 로마 교회는 이 때문에 매주 금요일을 속죄와 참회의 날로 엄수하도록 정했다. 이를 실천하는 방법은 고기를 먹지 않는 것이다. 예수의 죽음 전 40일간을 일컫는 사순절四旬節, Lent 기간도 마찬가지다. 예수가 피 흘리고 죽은 날 고기를 먹지 않도록 한 것은 신학적 타당성'을 얻었다.

육욕을 일으키는 고기를 먹는 것은 경건한 삶에 맞지 않았다. 당시 사람들은 붉은색 살코기와 고기의 지방이 사람을 흥분시키고 환각 상태로까지 빠지게 한다고 여겼다. 대신 생선은 차갑고 지방이 없으며 흰 살이어서 온건하고 순수한 것으로 받아들였다. 게다가 고기 대신 다 같이 소박한 생선을 먹는 기간 동안에는 그나마 사회 계층의 구별 없이 모든 사람이 신 앞에 평등하다는 생각을 가질 수 있었다. 바다나 강 주변에서 그나마 쉽게 구할 수 있는 먹을거리였기 때문이다. 그렇다고 완전히 평등한 건 아니었다. 같은 물고기라도 당시의 부자는 구운 농어를, 가난한 사람은 소금에 절인 청어를 먹었다.[2] 물론 부자가 농어를 먹는 것만으로 만족했을 리는 없다. 고기를 금하는 금육 기간 중 부자의 식탁에는 농어 외에 철갑상어, 연어, 게, 송어 등이 푸짐하게 차려졌다.[3]

물고기는 기독교에서 많은 상징성을 갖는다. 초대 교회 때부터 밀접한 관련이 있었다. 거리를 다니거나 운전할 때 가끔 자동차 뒤편에 붙어 있는 물고기 모양 엠블럼을 보게 되는데, 그리스어로 '이크티스ΙΧΘΥΣ'라고 하는 이 엠블럼은 기독교가 박해를 받던 고대 로마 시대에 신자의 상징이었다. '물고기'라는 뜻도 있지만, 그리스어로 '예수 그리스도는 하나님의 아들이요, 구주救主시다'라는 신앙 고백의 첫 글자를 따서 조합한 것이기도 하다.[4]

성경에 물고기가 비유적으로 사용된 예는 여러 번 나온다. 예수는 제자에게 '사람 낚는 어부'가 되라고 했고, 또 물고기로 수많은 사람을 배불리 먹이는 기적을 행하기도 했다. 부활한 예수가 제자를 만나 먹은 음식도 구운 물고기였다.[5]

속죄와 경건의 시기를 보내는 기독교 신자가 즐겨 먹었던 물고기는 두 가지다. 청어와 대구. 영국의 언론인이자 작가인 에릭 샬린Eric Chaline이 쓴 《역사를 바꾼 50가지 동물》[6]에도 이 두 물고기가 등장

피시버거

예수가 십자가에 못 박힌 금요일에 붉은색 고기를 먹지 않는 것이 가톨릭의 오랜 전통이었다. 1962년 미국의 한 맥도날드 매장에서, 금요일의 매출 하락을 타개하기 위해 개발한 음식이 피시버거의 출발이다.

한다.

　중세에 고기를 먹지 못하는 금육 기간이 늘어나자 물고기 수요도 급속히 증가했다. 다행히 이 시기에는 청어와 대구가 엄청나게 많이 잡혔다. 특히 발트해의 풍부한 청어 어장은 중세 유럽의 경제를 지배했던 한자Hansa 동맹 성장의 기반이 됐다. 이후 청어 어장이 북해로 옮겨가고 네덜란드의 어부가 염장 기술까지 개발하면서 네덜란드는 17세기 이후 세계 최강 해양 대국의 지위를 누리게 됐다. 대서양 해역에서 청어가 많이 잡히자, 한때는 대서양을 '청어 연못herring pond'[7]이라고 부르기도 했다.

　대구 하면 빼놓을 수 없는 민족은 바이킹과 바스크Basque족이다. 바이킹은 대구를 말리는 기술을, 바스크족은 대구를 염장하는 방법을 앞세워 각기 바다를 누볐다. 대구는 기름기가 많지 않은 생선이므로 말리기 전 소금에 절이면 보존 기간이 크게 늘어난다. 그 덕에 바스크족이 소금에 절인 건대구를 팔 수 있는 시장은 넓었고, 그만큼 큰 부를 축적할 수 있었다.

　금육 기간에 활발히 소비되던 대구는 단순한 먹을거리에 머무른 것이 아니라, 기독교의 규율을 지키는 종교적 상징으로까지 받아들여졌다. 하지만 아이러니하게도 오늘날 여러 언어에서 소금에 절인 대구를 가리키는 말은 성적 의미를 가진 경우가 상당히 많다.[8]

　한때는 국내에서 많이 팔렸던, 그렇지만 지금은 거의 사라진 '피시버거'는 금요일의 물고기 전통에서 나온 음식이다. 피시버거가 처음 판매된 때는 1962년으로, 미국 오하이오주 신시내티의 한 맥도날드 매장에서다. 루 그로엔Lou Groen이 운영하던 이 점포 인근의 주민은 대부분 가톨릭 신자였다. 이 때문에 매주 금요일이면 햄버거 매출이 떨어졌다. 그로엔은 매출 하락을 타개하기 위해 생선을 패티로 사용하는 샌드위치를 고안했다. 본사의 승인을 얻어 판매하게 된 제품이 '필레오피시Filet-O-Fish', 즉 피시버거였다. 이 제품에 패티로 사용된 물고기는 넙치였다. 피시버거 덕분에 그로엔의 매장에선 금요일 버거 판매량이 다섯 배나 늘어났다. 개발 초기에 일부 지역에서만 팔던 필레오피시는 1965년까지 미국 전역의 매장으로 확대되면서 주요 메뉴로 자리 잡게 됐다.

그런데 가톨릭 신자는 지금도 금요일에 육류를 먹지 않을까? 그렇다. 매주 금요일마다 원칙적으로 육식을 금하도록 하고 있다. 한국천주교주교회의 홍보국장 안봉환 신부는 "부활대축일, 성탄대축일 등 대축일과 겹치지 않는 금요일에는 금육재를 지켜야 한다"면서 "인류 구원을 위한 그리스도의 수난에 동참하는 의미를 새기는 것이 중요하다"고 말했다.

궁극의 채식주의,
자이나교에서
비건까지

예전에는 여러 사람이 같이 밥을 먹을 때 메뉴를 고르느라 크게 고민한 적이 없었다. 그런데 요즘은 모임의 메뉴를 정할 때 아예 특정 식당을 배제해야 하는 경우도 있고, 여러모로 신경을 써야 하는 일이 많아졌다. 현실에서 깊이 체감할 만큼 '채식주의자'가 늘어났기 때문이다. 고기를 먹지 않는 사람을 염두에 두고 식당이나 메뉴를 고르는 것이 처음에는 무척이나 난감했다. 밖에서 다른 사람과 함께 먹게 되는 음식 중 육류가 들어가지 않는 것이라고 해봤자 고작 비빔밥, 콩나물해장국, 죽, 감자튀김, 야채김밥 정도밖에 떠오르지 않았던지라 귀찮고 짜증이 났던 것도 사실이다. 하지만 한편으로 생각하면 우리 주변의 음식 문화가 얼마나 획일화되어 있는지도 새삼 느끼게 됐다.

채식을 하는 사람 중에 가장 엄격한 사람은 유제품도 섭취하지 않는 완전 채식주의자 '비건vegan'이다. 스님도 요구르트나 치즈 정도는 드시던데, 유제품까지 먹지 않는다면 도대체 뭘 먹을 수 있을지 좀체 상상이 되지 않는다.

책으로만 보던 비건을 직접 만나게 된 것은 몇 년 전이었다. 한동안 못 보던 친구를 우연히 다시 만나게 됐는데, 그 친구는 그사이 비건의 삶을 살고 있었다. 비건이 된 이유는 오랫동안 자신을 괴롭혀온 건강상의 문제를 채식으로 해결했기 때문이라고 했다. 겨우 아메리카노를 홀짝거릴 뿐 주문해놓은 케이크에는 손도 대지 않았다. 떡볶이라도 먹으러 가자고 했더니, 시판되는 고추장, 정제 설탕, 밀가루도 먹지 않는다고 했다. "그렇게 피곤하게 어떻게 사냐? 사회생활은 할 수 있는 거니?" 하고 물었더니, 친구는 "익숙함과 결별하는 데서 변화가 시작된다"라며 일장훈시를 늘어놨다. 솔직히 먹는 것이 인생의 낙인 내게 그 친구의 말은 와 닿지 않았다. '아직 먹어보지 못한 지구상의 먹을거리가 얼마나 많은데……' 하며 완강한 거부의 뜻을 보이는 나를 바라보는 친구의 눈빛은 분명했다. '배 속으로 들어가면 똥이 되어 나올 뿐인 허무한 식탐만을 좇는 불쌍한 것…….'

어느 지역, 어느 인종으로 다시 태어난다고 가정했을 때 이것만은 피하고 싶다고 생각한 것이 있다. 독실한 자이나교도 집안에서 태어나는 것이다. 자이나교Jainism가 어떤 종교인지 전혀 모르던 내가 조금 관심을 갖게 된 것은 수년 전 드라마 〈오로라 공주〉가 방영될 때였다. 이 드라마는 지금도 간간이 사람들 입에 오르내릴 정도

인도의 자이나교 사원

자이나교는 불살생과 극도의 고행을 강조하는데, 땅속의
뿌리채소도 먹지 않는다. 벌레를 죽일지 모른다는 이유로 감자나 양파 같은

로 당시 엄청난 화제를 불러 모았다. 그 이유 중 하나로 꼽을 수 있는 것은 아마도 기상천외한 대사 때문이 아닐까. 바로 "암세포도 생명"이라고 하던 유명한 대사가 이 드라마에서 나왔다. 드라마가 방영될 당시 인터넷에는 '드라마 작가가 자이나교도임이 분명하다'라는 추측이 나돌기도 했다. 그 덕분에 자이나교에 대한 궁금증을 갖게 된 것이다.

채식주의에도 여러 단계가 있겠지만 아마 최고봉은 자이나교도의 경우일 것 같다. 자이나교는 불교와 비슷한 시기인 기원전 6세기에 인도에서 태동한 무신론의 종교다. 자이나교를 일으킨 마하비라Mahavira는 석가모니와 동시대를 살았던 것으로 알려졌다. 역사가 오래된 이 종교의 신도는 세계적으로 600만 명 정도다. 대부분 인도에 거주한다. 자이나교는 극도의 고행을 강조하는데, 대표적인 것이 '불살생不殺生'의 원칙이다. 땅속의 벌레를 죽일지 모른다는 이유로 농사도 짓지 않을 정도다.

자이나교뿐 아니라 불교, 힌두교 등 인도에서 유래한 종교의 공통 덕목은 아힘사ahimsa, 즉 불살생이다. 불교가 육식을 금하는 것도 이 정신을 기반으로 한다. 육식을 거부하는 데는 건강과 환경 등 다양한 이유가 있겠지만, 이처럼 종교적인 이유는 나쁜 업業, karma을 쌓지 않기 위해서다. 육식과 업의 관계에 대해 법정 스님은 이렇게 말했다.

우리가 먹는 음식은 우리 몸에 들어가 살이 되고 피가 되고 뼈가 된다. 그뿐만 아니라 보통 사람들의 눈에는 보이지 않지만 그 음식물이 지닌 업까지도 함께 먹어 그 사람의 체질과 성격을 형성한다. 이를테면 육식을 좋아하는 사람들은 고기를 먹을 때 고기의 맛과 더불어 그 짐승의 업까지도 함께 먹는다는 사실을 기억해야 한다. 그 짐승의 버릇과 체질과 질병 그리고 그 짐승이 사육자들에 의해 비정하게 다루어질 때의 억울함과 분노와 살해될 때의 고통과 원한까지도 함께 먹지 않을 수 없다는 말이다.[9]

2008년 방송된 〈MBC 스페셜〉에서 자이나교 수행자의 삶을 다룬 적이 있다. TV 화면 속에 극적인 고행의 길을 걷는 자이나교도의 삶이 펼쳐졌다. 그 삶의 바탕엔 미생물까지도 해하지 않는다는 불살생의 정신이 깔려 있다. 자이나교도는 3개월에 한 번씩 머리털과 수염을 손으로 뽑는다. 왜 가위나 칼로 깎지 않을까? 3개월 이상 털이 자라면 이나 몸에 서식하는 벌레가 생길 수 있는데, 도구를 사용하면 그 '생명'을 해칠 수 있기 때문이라는 것이다. 이쯤 되면 "암세포도 생명"이라는 대사가 그렇게 낯설지 않을 듯하다.

식사 역시 모두 채식이다. 그런데 훨씬 한정적이다. 수확 과정에서 벌레를 죽일 수 있다는 이유로 땅속에서 자라는 채소를 먹지 않기 때문이다. 감자며 양파, 마늘, 당근, 생강, 무 등 우리가 상상할 수 있는 뿌리채소가 모두 해당된다. 게다가 벌레가 있을 가능성이 많은 채소도 금지 품목에 포함된다. 이 '가능성'의 대표적인 채소는 브로콜리다. 사실 속속들이 분해하지 않는다면 벌레의 유무를 알 수 없는데, 벌레가 있을지도 모른다는 이유만으로 브로콜리도 먹지 않는다. 식사를 하다 음식에서 벌레가 나온다면 식사는 중단된다. 입맛이 떨어져서가 아니라 생명체를 죽였다는, 혹은 죽일 수 있다는 참회의 마음에서다.

무소유를 실천하는 자이나교 수행자가 항상 들고 다니는 것이 있는데, 털로 만든 부채처럼 생긴 큰 먼지떨이다. 걸을 때 작은 벌레라도 밟지 않도록 이것으로 앞을 쓸며 다니는 것이다. 자이나교의 식생활에 대해 연구한 김미숙 교수(동국대학교 인도철학과)의 논문[10]에 재미있는 대목이 나온다.

"힌두교도는 신들을 숭배하다가 죽고, 터키 사람들(이슬람교도)은 순례가다가 죽고, 요가 수행자들은 머리카락을 꼬다가 죽는다"라고 말했던 이는 힌두도 무슬림도 아니었던 카비르Kabir(1440~1518경, 인도의 전설적인 종교지도자)였다. 그와 같은 어조로 말하자면 자이나교도는 굶다가 죽는다고 해도 크게 틀린 말은 아닐 것이다. 왜냐하면 자이나교의 수행에서 최상의 이상은 살레카나, 즉 단식을 통한 제의적인 죽음이기 때문이다.

자이나교의 채식은 앞서 말했듯 단순히 채소를 먹는 것으로 끝나는 것이 아니다. 벌레를 살생할 가능성이 있는 것을 먹어서는 안 되며, 생식도 원천적으로 금지된다. 모든 채소는 익혀서 먹어야 하며, 익히지 않은 것을 섞어 먹어서도 안 된다. 꿀도 안 되고 과일즙 등의 액체는 여과한 뒤 먹는 것을 습관화하고 있다. 또 모든 음식의 준비와 섭취는 해가 떠 있는 동안 마쳐야 하는데, 어둠 속에서 먹을 때 부주의하게 생물을 해칠 수 있기 때문이다.

살생의 위험 때문에 농사를 짓지 않는 자이나교 신자는 주로 상업, 금융업 등의 분야에 종사했다. 이 때문에 막강한 경제력을 쌓았고, 오늘날 인도 경제에서 중요한 영향력을 행사하고 있다.

"버터 섭취권을 팝니다", 버터와 종교개혁

프랑스 노르망디 지역에 있는 도시 루앙은 백년전쟁의 영웅 잔 다르크가 최후를 맞이한 곳이다. 잔 다르크가 화형에 처해졌던 광장에는 현재 기념 성당이 세워져 있다. 오랜 역사를 자랑하는 이 도시를 유명하게 만든 것은 루앙 대성당Cathédrale Notre-Dame de Rouen이다. 모네가 그린 연작 〈루앙 대성당〉은 시간이 지나면서 빛에 의해 달라지는 성당의 모습을 담은 작품으로 유명하다. 같은 대상이라 해도 계절이나 시간, 날씨에 따라 달리 보이는 모습을 표현한 것인데, 미술사를 다룬 많은 책에 등장한다.

이 성당을 유명해지게 한 것은 또 있다. 플로베르의 소설 《보바리 부인》이다. 주인공 에마가 정부 레옹과 밀회하는 장소가 바로 이곳, 루앙 대성당이다. 성당에 먼저 와서 애가 타는 마음으로 에마를 기다리는 레옹에게, 나이 많은 성당지기는 이 성당의 보물을 보라고 권한다. 이를 거절한 레옹은 혼자 성당을 구경하면서 에마를 기다린다. 한참 후에 나타난 에마, 끓어오르는 욕정으로 마음이 다급한 레옹. 이들 앞에 다시 성당지기가 나타나 성당의 보물을 구경하라고 재차 권한다. 그러자 레옹은 성당지기에게 버럭 화를 내며 괜찮다고 말한다. 에마의 권유로 마지못해 성당을 구경하는 둥 마는 둥 하던 그는 결국 에마를 붙잡고 성당 밖으로 뛰쳐나간다. 그러고는 다급하게 마차를 불러 세운 뒤 함께 오른다. 그다음으로 이어지는 것이 그 유명한 '마차 신'이다. 이 장면 때문에 당시 플로베르는 도덕과 미풍양속을 해친다는 이유로 기소되기까지 했다.

뛰어난 예술 작품의 배경으로 등장한 이 성당은 프랑스 역사에서 손꼽히는 고딕 건축 유산으로, 프랑스 건축사에서도 중요한 의미를 갖는다. 1063년 건축을 시작해 수백 년간 계속 지어진 이 성당의 첨탑 높이는 151미터. 프랑스의 성당 탑 가운데 가장 높다.[11]

예술가에게 영감을 주고 많은 관광객을 끌어 모으는 이 멋지고 아름다운 성당에 의외의 별명이 하나 있다. 바로 '버터 타워'다. 이 같은 별명이 붙은 이유를 이해하자면 종교개혁 상황을 먼저 살펴야 한다. 익히 알려져 있다시피 종교개혁은 교회의 부패에 반발해 쇄신을 요구하며 일어난 운동이다. 당시 사람들의 반발을 불러일으켰던 대표적인 사례로는 성직 매매, 면벌부 판매 등을 꼽을 수 있다. 그런데 많이 알려지지 않은, 흥미로운 또 다른 이유도 숨어 있다. 다름 아닌 버터다. 도대체 버터와 종교개혁 사이에 무슨 상관관계가 있는

루앙 대성당

프랑스 건축사에서 손꼽히는
이 멋지고 아름다운 성당에는
이어이 별명이 하나 있다.

바로 '레이스 타워'다.

것일까?

15~16세기 유럽에서 버터는 아주 인기 있는 식품이었다. 그런데 로마 가톨릭교회가 지배하던 당시 사람들은 자유롭게 버터를 먹을 수 없었다. 교회는 사람들이 버터 먹는 것을 제한했다. 사순절이나 금식일에 동물성 지방을 섭취하지 못하게 했기 때문이다. 고기는 물론이고 버터, 치즈, 우유와 같은 유제품이나 달걀도 먹을 수 없었다. 금식 기간에 동물성 식품의 섭취를 금지한 것은 독신 서약을 지키는 수행자를 위해서였다. 고기나 유제품이 성욕을 부추긴다고 여겼기 때문이다. 하지만 중세에 이 같은 의무는 신에게 귀의한 수도자뿐 아니라 일반 신자 역시 지켜야 할 의무로 확대됐다. 짧은 기간 동안 특정한 음식을 먹지 않는 것은 상관없지만, 문제는 그 기간이 6개월 가까이나 됐다는 데 있다.

그래도 중북부 유럽인에 비하면 남부 유럽인은 이 같은 제재에 큰 영향을 받지 않았다. 지중해에 면한 이탈리아, 스페인 등 남부 유럽에서는 버터보다 올리브오일을 즐겼고, 육류보다 생선을 많이 섭취했다. 고기와 유제품, 달걀 등을 금지하더라도 충분히 먹을거리가 많았다. 고대 로마의 박물학자 플리니우스는 버터를 야만인의 음식이라고까지 했는데, 이 같은 편견이 오래 이어졌기 때문인지 중세 남부의 유럽인은 버터가 한센병을 유발한다고까지 생각했다.[12]

하지만 육류와 버터, 달걀 등을 주된 식량으로 삼았던 프랑스나 독일 등 중북부 유럽인에게 로마 가톨릭교회의 이 같은 처사는 가혹하기 그지없었다. 금식 기간에 버터마저 금한다면 사실상 먹을 수 있는 것이 거의 없는 셈이었다. 이 때문에 많은 사람이 기아에 내몰리기도 했다. 어쩔 수 없이 남부 지역에서 올리브오일을 수입해야 했는데, 부도덕한 상인이 질 낮은 식물성 기름을 파는 경우도 많아서 사람들의 고통은 가중됐다.

금식 기간에 정해진 규정을 어길 경우 가난한 신자는 무거운 벌금을 내거나 채찍을 맞았고 투옥되는 일까지 있었다. 하지만 부자는 특혜를 누렸다. 바로 돈을 주고 버터를 섭취할 수 있는 권리를 산 것이다. 1491년 프랑스 국왕 샤를 8세의 왕비 안Anne de Bretagne은 로마 교회에서 버터 섭취권을 얻었다. 이후 독일, 헝가리, 보헤미아 등지로 버터 섭취권은 확산됐다. 교회는 버터 섭취권을 판 돈으로 화려한 건물을 짓고 보수도 했다. 교회에는 버터 섭취권 판매를 위한 헌금함도 마련돼 있었다. 이때 지어진 대표적 건축물이 루앙 대성당의 첨탑이다. 이것이 이 성당의 별명이 '버터 타워'인 이유다. 음식사가인 일레인 코스로바Elaine Khosrova는 이를 '영적 착취 시대의 기념물'이라고 표현했다.[3]

버터 금지령 그리고 돈을 주고 버터 섭취권을 사는 행태는 많은 이의 분노를 불러일으켰다. 종교개혁에 나섰던 루터Martin Luther도 마찬가지였다. 루터는 '95개조의 의견서'를 발표한 지 3년 뒤인 1520년 '독일 지역의 그리스도교인에게 보내는 공개서한An Open Letter to the Christian Nobility of the German Nation'에서 다음과 같이 주장했다.

또 하나 귀담아 들어야 할 것은 복음서가 알려주듯이 금식은 누구에게
든 자유롭게 적용되어야 하며 모든 종류의 음식물 역시 누구나 자유롭
게 먹을 수 있어야 한다는 점입니다. 왜냐하면 로마에 있는 저들 자신은
금식을 조롱하면서 로마 밖에 있는 우리들에게는 저들이 구두도 닦으
려 하지 않는 기름을 먹게 하고, 또 그 후에는 우리에게 버터 및 각종 음
식을 먹을 수 있는 자유를 팔고 있기 때문입니다.

(⋯⋯)

저들은 우리의 양심을 너무나 불안하고 소심하게 만들어놓았기에 이
자유에 관해 설교하는 것조차 더 이상 어려울 지경입니다. 그럴 것이 일
반 백성은 속이고 저주하고 또는 음행을 저지르는 것보다 버터를 먹는
것을 더 큰 죄로 간주하고 꺼려하기 때문입니다.[14]

흥미로운 사실은 버터를 주로 생산하고 먹던 북유럽 국가와 16
세기 종교개혁기에 로마 가톨릭교회에서 이탈한 나라가 거의 일치
한다는 점이다.[15] 지금도 올리브오일을 많이 먹는 이탈리아나 스페
인, 포르투갈 등 남부 유럽은 가톨릭 교세가 강하고 독일, 네덜란드,
스위스 등 버터를 많이 먹는 지역은 개신교 세가 강하다.

버터 문제가 독일의 종교개혁 불길을 부채질했다면, 스위스에서
는 소시지가 발화점이 됐다. 일명 '소시지 사건'이 발생한 것이다. 소

버터

돈을주고 교회로부터 버터 섭취권을 사는 행태는
많은 이의 분노를 불러일으켜 결국 종교개혁의
불길을 부채질했다.

소시지

스위스에서는 소시지가 발화점이 됐다. 유류 섭취가
금지된 사순절 기간에 소시지를 먹은 일명 '소시지
사건'이 발생해 스위스 종교개혁의 불을 당겼다.

시지 사건은 1522년 스위스 취리히에서 성경을 출판한 인쇄업자 크리스토프 프로샤워Christoph Froschauer가 사순절 기간에 다른 사람들과 함께 소시지를 먹은 데서 비롯된 일이다. 지금 생각하면 황당할 수 있지만, 당시 사순절 기간에는 육류 섭취가 금지돼 있었기 때문에 소시지를 먹는 것은 문제 삼을 만한 일이었다. 게다가 여러 사람이 함께 모인 자리에서 소시지를 먹었으니 이는 교회의 권위에 정면으로 도전한 사건으로 여겨졌다. 당연히 교회는 이들을 처벌해야 한다고 주장하고 나섰다.

더욱이 그 자리에는 사제도 있었다. 사순절에, 그것도 교회의 규칙을 위반하는 소시지 식사를 사제가 주재한 것이다. 그가 바로 츠빙글리Ulrich Zwingli다. 츠빙글리 역시 루터와 마찬가지로 진리의 유일한 토대는 성경이고, 교황과 공의회의 권력은 허상이라고 생각했다.[16] 성경에 근거한 기독교인의 자유를 설파하던 그는 사순절 육식 금지는 성경에서 근거를 찾을 수 없다고 주장했다. 이후 '67개 결의'를 제시하며 로마 가톨릭교회와 맞섰고, 스위스 종교개혁의 불꽃은 가열차게 타올랐다. 그는 1531년 신·구교 간에 벌어진 카펠Kappel 전쟁에서 사망했다. 그의 죽음으로 주춤했던 스위스의 종교개혁은 이후 칼뱅Jean Calvin을 통해 되살아나게 된다.[17]

성경 속의 최음제, 사랑의 묘약인가 악마의 식물인가

영화 〈해리 포터〉에서 마법학교 호그와트 2학년 학생들은 스프라우트 교수의 약초학 수업을 듣는다. 어느 날 수업의 주제로 교수가 제시한 것은 맨드레이크mandrake 화분갈이다. 맨드레이크가 어떤 식물인지 묻자 헤르미온느는 다음과 같이 설명한다. "마비됐을 때 회복제로 사용되며, 맨드레이크의 울음소리는 듣는 사람을 위험하게 한다."

이어서 등장하는 맨드레이크의 모습은 기괴하다. 스프라우트 교수가 맨드레이크를 뿌리째 뽑아 올리자 사람의 형태와 비슷한 식물 뿌리가 이상한 소리를 내며 울부짖는다. 학생들은 이 소리를 피하기 위해 귀마개를 쓰는데, 갑자기 네빌 롱바텀이 그 자리에서 기절하고 만다. 그는 평소에도 실수가 많고 어수룩해 보이는 소년이다. 교수는 그를 한심하다는 듯 쳐다보며 "그렇게 귀마개를 꽉 조였어야지"

라고 말한다. 마비된 몸을 회복하는 용
도로 맨드레이크를 사용하는 장면도
몇 차례 나온다. 바실리스크(상상의 뱀)
때문에 돌처럼 몸이 굳어진 헤르미온
느를 스프라우트 교수가 맨드레이크
약으로 살려내는 장면이 대표적이다.

맨드레이크
최음제로 효과가 있다고 여겨져
고대 그리스 사람들은 '사랑의
사과'라 했고, 아라비아에서는
'악마의 사과'로 불렸다.

으스스하고 오싹한 느낌을 주는 이 식
물은 영화 속 상상의 산물이 아니다. 실제
지중해 지역이 원산지로, 생긴 모습이 사
람의 하반신과 비슷해 서양에선 오랫동안
이 식물에 얽힌 전설과 미신이 많았다. 심
지어 교수형으로 죽은 사람의 정액에서 생겨났다는 이야기도 오랫
동안 전해져 내려왔다.[18] 언론인 출신 미국 작가 찰스 스키너Charles
M. Skinner의 《식물 이야기 사전》에서는 맨드레이크를 다음과 같이
정의한다.

맨드레이크는 지중해가 원산지인 허브의 한 종류다. 최음제로 효과가
있다고 여겨져 고대 그리스 사람들은 사랑의 사과라 부르고, 아라비아
에서는 악마의 사과로 불렸다.[19]

전설이나 마법 이야기에만 등장할 법한 맨드레이크는 성경에도

나온다. 창세기 30장에 묘사된 내용을 보면, 남편 야곱의 애정을 얻기 위해 두 아내 레아와 라헬이 신경전을 벌인다. 어느 날 레아의 아들이 자귀나무*를 발견하고는 어머니 레아에게 가져다준다. 이를 본 라헬은 언니인 레아에게 자귀나무를 나눠달라고 한다. 레아가 부정적 반응을 보이자 라헬은 이렇게 제안한다.

언니 아들이 가져온 자귀나무를 나에게 주어요. 그 대신에 오늘 밤에는 그이가 언니하고 함께 자도록 하지요.[20]

이 자귀나무가 맨드레이크다. 언니 레아가 여섯 아들과 딸 하나를 낳는 동안 자식을 얻지 못한 라헬의 조급하고 불안한 마음이 이같은 제안으로 이어진 셈이다. 이후 라헬은 아들 요셉을 얻게 된다.

솔로몬 왕이 쓴 사랑의 노래인 '아가'에도 자귀나무, 즉 맨드레이크는 빠지지 않는다.

자귀나무가 향기를 내뿜어요. 문을 열고 들어오면 온갖 열매 다 있어요. 햇것도 해묵은 것도. 임이여, 내가 임께 드리려고 고이 아껴둔 것들이라오.[21]

* 새번역 성경에는 자귀나무로, 개역한글 성경에는 합환채合歡菜로 나온다.

고대뿐 아니라 중세에도 맨드레이크에 대한 두려움은 여전했다. 셰익스피어의 《로미오와 줄리엣》에 맨드레이크 이야기가 등장한다. 극 후반부에서 줄리엣은 신부에게 얻은 약을 통해 죽음을 위장한 뒤 로미오를 다시 만날 희망에 부풀어 있다. 그러면서도 한편으론 자신이 '약을 먹고 깨어나지 못하면 어떻게 하나' 하는 두려움에 떤다. 그때 줄리엣은 맨드레이크를 언급하며 공포감을 표현한다.

> 너무 일찍 일어나면 – 역겨운 냄새에, 그리고 대지에서 찢겨 나오는 맨드레이크 같은 비명shrieks like mandrakes. 살아 있는 인간이 그 소리를 들으면, 미쳐버린다는 그 소리에 – 오 내가 깨어나면 혼비백산하는 거 아닐까.[22]

이밖에 많은 문학 작품에서 맨드레이크의 다양한 효능을 언급한다. 《로미오와 줄리엣》에서 사람을 미치게 만드는 맨드레이크의 소리를 묘사했다면, 셰익스피어의 또 다른 작품 《오셀로》와 《안토니와 클레오파트라》에서는 강력한 수면 효과가 있는 약물로 맨드레이크가 언급된다.

오셀로가 데스데모나를 의심하도록 계략을 짜던 이아고는 자신이 놓은 덫에 빠져 들어가는 오셀로를 향해 다음과 같이 중얼거린다. 오셀로가 질투심에 눈이 멀어 잠도 못 이루며 괴로워할 것이라는 저열한 기대감을 내비치는 대사다.

저기 그자가 오는 꼴 좀 보라지! 양귀비꽃도 맨드레이크도, 아니 세상의 그 어떤 수면 효과를 지닌 물약이라 해도 그대가 어제까지 누렸던 그 달콤한 잠을 되살리는 약이 되지 못할 것이다.[23]

안토니(안토니우스)가 없어 잠을 이루지 못하는 클레오파트라는 시녀 차미언에게 맨드레이크 즙을 가져다달라고 한다.

클레오파트라: 차미언.

차미언: 마마.

클레오파트라: 하, 아. 만드라고라mandragora 즙 한잔 줘라.

차미언: 왜요, 마마.

클레오파트라: 안토니가 가고 없는 이 거대한 시간의 틈, 잠으로 메워보게.[24]

영어 원문에서는 '만드라고라'를 '맨드레이크 즙juice of mandrake'이라고 설명했다.[25]

움베르토 에코의 소설《장미의 이름》에도 맨드레이크를 두고 이야기를 나누는 장면이 나온다. 베난티오의 시신을 조사하던 윌리엄과 세베리노는 맨드레이크가 수면제로 쓰이는가 하면 육욕을 일으키게 하는 최음제로 쓰이기도 한다는 대화를 나눈다. 국내에 이 작품을 번역한 소설가 이윤기는 맨드레이크를 '만다라화'라고 했다.

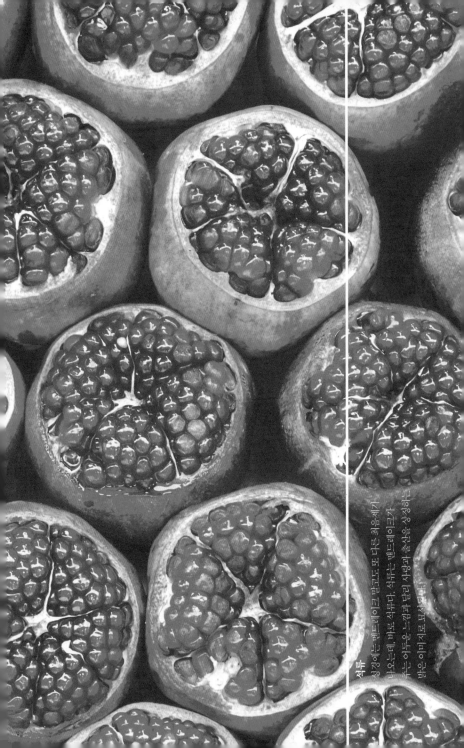

석류

성경에는 벤드레이크 말고도 또 다른 최음제가
나오는데, 바로 석류다. 석류는 벤드레이크가
주는 야릇운 느낌과 달리 사랑과 출산을 상징하는
밝은 이미지로 묘사되었다.

성경에 나오는 또 다른 최음제는 석류다. 석류는 맨드레이크가 주는 어두운 느낌과 달리 사랑과 출산을 상징하는 밝은 이미지로 묘사된다. 다산과 건강의 의미가 더 강조된 셈이다. 이스라엘에서는 고대부터 석류를 최음제로 여겼다.[26] 그 때문에 잠자리에 들기 전 여성은 석류 즙을 즐겨 마셨던 것으로 전해진다. 석류에는 에스트로겐이 많아 여성의 건강에 효과적이라는 것은 과학적으로도 증명돼 있다. 석류 열매 안에 촘촘하게 박힌 씨는 다산을 상징한다.

석류는 이스라엘을 대표하는 일곱 가지 식물食物에도 포함된다. 성경의 신명기 8장에 소개된 일곱 가지 식물은 석류 외에 밀, 보리, 포도, 무화과, 감람나무, 꿀이다. 초대 기독교에서는 석류나무를 생명나무로 여겼다. 당시 화가는 에덴동산에 있는 생명나무로 석류를 그리기도 했다. 또 구약시대 이스라엘에서는 하나님을 섬기는 직분인 대제사장의 옷에 석류 문양을 수놓도록 하는 등 성스러운 식물로 여겼다.

성욕 때문에 탄생한 음식, 콘플레이크

한 시절을 풍미했던 TV 코미디 프로그램 〈개그 콘서트〉는 많은 인기 코너를 낳았고 무수한 유행어도 만들어냈다. 그중 개그맨 황현희 씨가 진행했던 '황현희 PD의 소비자 고발' 코너는 패러디 개그로 큰 인기를 얻었다. 이 코너는 광고 카피를 고발 혹은 풍자의 대상으로 삼아 시청자에게 폭소를 안겼다. 이를테면 '왜 이 과자는 초코파이보다 작은데 이름이 빅○○인가', '달력 어디에도 표시돼 있지 않은데 왜 일요일은 짜○○○를 먹는 날인가', '호랑이 기운이 솟는다는 광고를 보고 제품을 사 먹었는데 왜 힘이 나지 않는가' 하는 식이다. 황당한 질문을 날선 송곳처럼 던지는 'PD 황현희' 앞에서 '업자 유민상'이 억울한 표정으로 시정을 다짐하는 것이 웃음의 주된 코드였다.

호랑이 기운이 솟는다는 카피는 한 식품 회사의 시리얼 콘플레이크 제품 광고에 등장한다. 많은 사람의 뇌리에 남아 있는, 성공한 카피의 사례로 꼽을 만하다. 나 역시 어린 시절 들었던 이 구절의 CM송 멜로디가 지금도 생각날 정도다. 이 회사가 카피로 내세운 '호랑이 기운'은 제품의 영양학적 우수성을 강조하기 위한 상업적 의도에서 나온 문구다. 그런데 재미있게도 이 제품의 유래를 살펴보면 '호랑이 기운'을 내는 것과는 차이가 있다. 오히려 그 반대의 의도에 따라 출시됐다.

콘플레이크 이야기를 하기 전에 먼저 살펴봐야 할 것이 있다. 그레이엄 크래커Graham Cracker다. 19세기 미국은 개신교 문화가 주축이 된 금욕적 분위기가 강했다. 금욕주의와 신앙생활에 바탕을 둔 건강운동도 활발했다. 이를 주도했던 이는 실베스터 그레이엄 Sylvester Graham이다. 뉴저지주의 장로교 목사였던 그는 과도한 영양 섭취는 질병의 근원일 뿐 아니라 성욕을 부추기므로 종교적이지 않다고 여겼다. 그는 특히 성욕을 죄악시했다. 튼튼하고 혈기 왕성하게 건강을 지키기 위해서는 섹스 횟수가 1년에 12회를 넘지 않아야 한다고까지 할 정도였다.[27]

고기와 술, 정제한 곡물에 화학 발효제를 사용한 흰 빵 등을 혐오하다시피 했던 그레이엄이 건강을 위해 내놓은 결과물은 정맥하지 않은 보리를 배합해 만든 '그레이엄 크래커'였다. 건강에 좋을 뿐 아니라 자위행위 등의 육체적 욕구를 억제한다는 것이 그레이엄이 주장한 크래커의 효과였다.

이에 대해 "도덕적으로 위험하지 않은 대신 맛은 담백한 음식"이라는 긍정적 평가도 있었지만,[28] 한마디로 "맛없는 음식"이라는 '돌직구' 평가도 있었다. 재기발랄한 글쓰기로 유명한 미국의 작가 제이콥스A. J. Jcobs는《한 권으로 읽는 건강 브리태니커》에서 "그레이엄이 내놓은 성욕을 억제하는 처방책은 '맛없는 음식'이었고, 이것이 그레이엄 크래커"라며 "호르몬 분비가 왕성해지는 사춘기 소년의 성욕을 진정시킬 목적으로 개발됐다"라고 썼다.

의학박사였던 존 켈로그John Kellogg는 그레이엄의 신봉자였다. 그는 그레이엄의 이론을 적극적으로 홍보, 실천하면서 실제로 아침마다 그레이엄 크래커를 일곱 개씩 먹었다. 켈로그가 그레이엄의 건강 이론에 빠지게 된 것은 주류 의학에 대한 불신감 때문이었다. 질병에 걸린 가족이 치료 과정에서 어이없게 죽거나 병세가 악화되는 경험을 오랜 시간에 걸쳐 겪어온 그는 자연히 식이요법이나 자연치료로 병을 다스리는 데 관심을 갖게 됐다. 비슷한 시기인 19세기 후반 창립된 제7일 안식일 예수재림교(안식교)도 이 같은 식생활을 강조했고, 그는 자연스레 신자가 됐다. 또 원래 거주하던 미시간주 잭슨을 떠나 아예 안식교의 본부가 있는 배틀크리크로 거처를 옮겨 그곳에서 건강요양원을 운영했다.[29]

요양원 이용자의 건강과 금욕을 위해 그는 곡물을 위주로 한 음식을 고안했다. 우여곡절 끝에 완성된 것이 바로 콘플레이크다. 미국의 음식 전문 저술가 헤더 안트 앤더슨Heather Arndt Anderson이 쓴

뮤즐리크

성숙을 억제하기 위해 개발된 그래이엄 크래커가 뮤즐리크고
탄생의 배경이 됐다. 그래이엄 목사의 신봉자였던 존 켈로그도
건강요양원을 운영하면서 금욕을 위한 음식을 고안해봤느는
우여곡절 끝에 완성된 것이 오늘날의 뮤즐리크다.

《아침 식사의 문화사》에는 그 탄생 과정이 이렇게 묘사돼 있다.

> 플레이크 형태의 시리얼은 그야말로 우연히 탄생했다. 통밀을 삶기 위
> 해 냄비를 불 위에 올려놓고 오래 방치한 결과물이었다. 건강증진센터
> (요양원) 원장이었던 존 켈로그와 그의 동생 윌은 망쳐버린 통밀을 버리
> 기가 아까워 얇은 반죽이라도 만들어볼 작정으로 롤러에 통과시켰다.
> 그런데 물렁하게 익은 통밀이 롤러를 지나면서 바싹 마른 조각이 되어
> 우수수 떨어졌고, 이것이 센터 이용자들에게 크게 환영받은 것이다.[30]

형인 존 켈로그가 신도를 위한 엄격한 레시피를 고수했다면, 동
생 윌의 생각은 달랐다. 신도가 아닌 일반 대중도 즐겨 먹을 수 있도
록 가공하는 쪽을 택한 것이다. 결국 형제는 각자의 길을 가기로 했
다. 동생인 윌 켈로그는 회사를 창업해 일반인의 입맛에 맞게 가공
한 제품을 내놨다. 이때가 1906년이었다. 회사는 급성장했고, 이곳
에서 생산한 콘플레이크 제품은 시리얼의 대명사로 오늘에 이르고
있다. 이 회사의 이름이 우리도 익히 아는 그 켈로그다.

시리얼 분야에서 켈로그와 양대 산맥을 이루는 회사인 포스트의
창업 사연도 재미있다. 창업자인 찰스 포스트Charles Post는 우울증
때문에 존 켈로그의 요양원에 입원했다가 환자식으로 나온 콘플레
이크를 맛보고 사업 아이템을 떠올리게 됐다고 한다.

세상에서 가장 맛있는 음식, 다쿠앙과 단무지

"템플스테이 체험하는 사람이 가장 힘들어하는 게 뭔지 알아요?"

지방의 한 큰 사찰에서 템플스테이 지도 법사를 했던 스님이 물었다.

"글쎄요. 새벽 예불? 사찰 생활을 생각한다면 새벽잠 견디기가 가장 힘들 것 같아요. 나도 모르게 졸다가 죽비 맞으면 무안하고 아프고 창피할 거 아녜요. 아니면 108배인가요? 그것도 말이 쉽지, 끝까지 횟수 못 채우는 사람도 많다더라고요. 또 요즘은 SNS 중독인 사람이 많으니까 휴대전화 금단 현상도 있을 것 같고……."

이런 말 저런 말 주워섬기는 나를 보며 스님은 빙그레 웃더니 "밥 먹는 것"이라고 대답했다.

"밥 먹는 것. 발우공양 체험을 가장 힘들어해요."

"아니, 템플스테이 오면서 외부 음식 배달해 먹겠다고 작정하지 않은 이상 절밥 먹는 게 왜 힘든 일이죠?"

"발우를 깨끗이 비우는 것이 쉽지 않다는 겁니다."

흔히 스님의 식사를 불가의 용어로 공양이라고 하고, 발우는 스님의 밥과 반찬을 담는 그릇, 즉 스님의 전용 식기다.

발우를 깨끗이 비우는 것, 그게 뭐 그리 어려운 일일까 싶었다. 밥알 한 톨 남기지 않고 싹싹 긁어먹으면 되는 것 아닌가. 오히려 모자라서 더 먹고 싶은 게 문제지, 남겨서 걱정할 필요가 있을까. 짧은 순간 동안 별의별 생각을 다 하고 있는데, 스님은 내 머릿속을 들여다보는 것처럼 말한다.

"음식을 남기지 않고 다 먹는다고 끝이 아닙니다. 정말로 남김없이 다 먹어야 한다는 것이지요. 말 그대로 씻은 듯 깨끗하게 먹는 것이 중요합니다."

그렇다면 김치의 고춧가루까지, 카레와 같은 소스를 반찬으로 먹는다면 흔적도 남김없이 핥아먹다시피 해야 한다는 건가. 그러려면 혓바닥으로 발우를 핥아먹는 것 말고는 딱히 방법이 없을 것 같았다.

스님은 그 때문에 발우공양 체험을 할 때 항상 단무지나 무 조각이 나온다고 했다. 다들 발우에 담긴 음식을 다 비운 뒤 덕지덕지 붙어 있을 양념이며 잔여물을 단무지로 닦아내서 발우를 깨끗이 해야 한다. 물론 양념을 닦아낸 그 단무지 역시 내가 먹어야 하는 것이다. 거기서 끝이 아니다. 다들 그렇게 먹고 깨끗이 닦은 발우는 청수를 받아 헹군다. 그리고 그 물도 마셔야 한다. 다 마시지 못한 물은 퇴수통에 담는다. 여러 사람의 발우에서 남은 물이 한군데 모이는 것이다.

문제는 여기부터다. 그렇게 모인 물은 정성을 다해 닦고 헹궈낸 상태의 물이다. 이론상으로는 깨끗해야 하는 물이지만 혹여 그 물에 찌꺼기가 떠오를 수도 있지 않을까. 아무리 각자 조심한다고 해도 고춧가루든 밥알이든 뭐든 간에 둥둥 떠오르는 것이 나올 수 있다. 그러면 그 물 역시 다 함께 나눠 마셔야 한다. 요즘은 퇴수통에 모은 물을 마시는 것까지는 하지 않는 곳도 있다고 하는데, 시쳇말로 정말 '빡센' 수행 과정이 아닐 수 없다. 상상만으로도 얼마나 난처하고 힘든 상황일지 짐작이 된다. 그런데 실제로 수행자의 삶을 사는 스님은 수십 명이 함께하더라도 발우를 헹궈낸 물이 맑다고 한다.

밥 한 톨, 국물 한 방울까지 귀히 여기는 마음, 일상을 영위하게 하고 에너지를 주는 '끼니'의 지엄함을 온몸으로 느끼도록 하는 것이 아마도 발우공양의 정신이리라. 이 같은 발우공양의 취지와 모습을 볼 때마다 소설 하나가 떠오른다. 솔제니친의《이반 데니소비치, 수용소의 하루》다. 상황과 맥락은 전혀 다르지만 이상하게도 통하는 부분이 있다. 수용소에서 강제 노역을 하며 하루하루를 보내는 주인공 이반 데니소비치 슈호프가 매번 끼니를 대하는 자세에서 느껴지는 숭고함 때문이다.

음식은 그 맛을 음미하면서 천천히 먹어야 제 맛을 알 수 있는 것이다. 말하자면 지금 이 빵조각을 먹듯이 먹어야 하는 법이다. 입안에 조금씩 넣고 혀끝으로 이리저리 굴리면서 침이 묻어나도록 한 다음에 씹는다. 그러면, 아직 설익은 빵이라도 얼마나 향기로운지 모른다.[31]

슈호프는 겉옷의 앞섶 호주머니에서 얼지 않게 흰 마스크에 싸놓았던 반원형의 빵 껍질을 꺼냈다. 그는 그것으로 그릇 밑바닥이나 옆구리에 눌어붙은 찌꺼기를 아주 정성스럽게 싹싹 훑기 시작한다. 그런 다음 껍질에 묻어나온 죽 찌꺼기를 혀로 한 번 핥은 다음, 다시 그것으로 죽 그릇을 닦았다. 죽 그릇은 물로 씻은 것처럼 깨끗해졌다.[32]

학교 앞 분식집에 가더라도 공짜로 주는 반찬 단무지. 보잘것없고 값어치 없는 반찬으로 보일 수도 있지만, 이 '하찮은' 음식이 스님의 수행에 없어서는 안 될 중요한 도구가 된다는 점은 의미심장하다. 예전에 한 TV 예능 프로그램에 출연했던 법륜 스님이 발우를 단무지로 닦는 모습을 시연한 적이 있다. 출연자와 함께 짜장면을 먹는데, 다들 짜장면을 먹은 뒤 그릇을 내려놓았지만, 스님은 단무지로 그릇에 묻은 양념까지 닦아서 먹으며 깨끗하게 그릇을 비워냈다.

50대 이상이라면 단무지보다는 '다쿠앙'이 더 익숙할지도 모르겠다. 1980년대까지는 대부분 단무지 대신 다쿠앙으로 불렸다. 일제강점기에 일본의 무짠지인 다쿠앙이 들어오면서 우리식 무짠지를 다쿠앙으로 지칭해 부른 것이다.

재미있는 것은 이 다쿠앙이라는 이름이 일본의 유명한 스님의 이름에서 나왔다는 점이다. 일본의 대선사였던 다쿠안 소호澤庵宗彭 (1573~1645) 스님이 선식으로 즐겨 먹었던 것을 스님의 법명을 따 다쿠앙으로 불렀다고 한다.[33] 요리법은 단순하다. 쌀겨와 소금으로 무를 절여서 버무린 뒤 항아리에 담아 익힌 것이다.

다쿠앙
일본의 대선사였던
다쿠안 소호 스님이
선식으로 즐겨 먹었던 데서
유래했다.

다쿠안 스님은 일본에서도 명성이 꽤 높은 스님이다. 불교 선종의 한 파인 일본 임제종의 대표적 고승이다. 검술, 다도, 조경, 수묵화, 글에 두루 능해 일본의 전통 문화에도 많은 영향을 끼쳤으며, 일본의 전설적 사무라이인 미야모토 무사시宮本武蔵의 정신적 스승이라고도 알려져 있다.

다쿠안 스님이 대중적으로 알려지게 된 것은 일본 에도江戸 막부의 3대 쇼군인 도쿠가와 이에미쓰德川家光*와의 만남 때문이다. 스님은 그를 점심 식사에 초대했다. 스님이 쇼군을 초대한 이유는 쇼군의 질문에 답변을 하기 위해서였다. 쇼군은 스님에게 세상에서 가장 맛있는 음식이 무엇인지 물었던 것이다. 스님은 자신이 머물던 동해사東海寺로 찾아온 쇼군을 네 시간가량 기다리게 했다. 그리고 나서 쇼군과 마주한 스님은 그제야 상을 들였다. 상 위에 차려진 음식은 밥 한 그릇과 얇게 잘라낸 절인 무 조각뿐이었다. 평소 산해진미만 접했을 쇼군에게는 상상도 할 수 없는, 도저히 받아본 적 없는 밥상이었다. 하지만 허기가 졌던 그는 이 보잘것없는 음식을 허겁지겁 먹어치웠다. 그리고 이 단순하고 소박한 음식 맛에 깊이 매료됐다. 그뿐 아니라 그는 대중에게도 이를 즐기도록 권했다. 이후 각 가정에서도 무나 채소를 절여 오래 보관하며 먹는 것이 일반화됐다.[34]

* 일본에 들어온 가톨릭(천주교)을 혹독하게 탄압한 것으로 유명한 인물이다. 엔도 슈사쿠遠藤周作의 소설 《침묵》이 그려낸 일본 초기 가톨릭 탄압 상황은 그의 치하를 배경으로 한다.

슬픈 아티초크,
로마적인
너무나 로마적인

나는 여행 계획을 꼼꼼히 세우는 편이다. 먹을거리와 방문 장소, 즐길 거리, 숙소 등을 검색하고 다양한 리뷰를 살펴본다. 주로 활용하는 것은 그 지역의 잡지나 뉴스 사이트다. 구글로 검색과 번역이 되기 때문에 큰 줄기를 추린 뒤 구체적 리뷰는 트립어드바이저나 구글을 참고한다. 방문할 장소의 주변, 동선 등을 짠 뒤에는 구글 스트리트 뷰를 통해 시뮬레이션도 한다. 그래서 처음 가는 여행지도 비교적 잘 찾아다닌다. 이런 식으로 찾다 보니 4박 5일의 휴가를 준비하는 데만 두 달 가까이 걸릴 때도 있다.

하지만 지난 2018년 겨울 감행한 로마 여행은 말이 떨어지고 열흘 만에 떠날 만큼 후다닥 이뤄졌다. 질풍노도의 상황에 처한 딸아이의 "로마를 보고 싶다"라는 한마디 때문이었다. 숙소와 교통편을 해결하는 데만도 시간이 촉박해서 다른 것은 검색할 틈이 없었다.

그래도 어떤 상황에서든 포기할 수 없는 것은 먹을거리인지라 비상 검색에 나섰다. 그전부터 마음 한구석에 접어두고 있던 과제, 바로 로마의 아티초크artichoke였다.

움베르토 에코의 책을 오랫동안 번역했던 엘레나 코스튜코비치 Elena Kostioukovitch가 쓴《왜 이탈리아 사람들은 음식 이야기를 좋아할까?》에는 이런 문장이 나온다.

로마의 식품 표시를 붙인 가장 로마적인 야채는 바로 카르초포carciòfo 다.[35]

카르초포는 이탈리아어로 아티초크를 의미한다. 열심히, 여러 차례 이 책을 읽은 나는 이 부분을 보면서 무척 궁금했다. 아티초크 요리법이나 특징, 종류는 설명이 되어 있었지만, 왜 아티초크가 로마적인 채소인지에 대한 이유는 나오지 않았기 때문이다. 그전에 지중해 지역에 갔을 때도 딱히 아티초크 맛을 볼 기회가 없었기에 맛도 궁금했다.

먼저 구글로 아티초크 요리를 먹을 만한 식당을 검색했다. 그러자 바로 나오는 곳이 로마의 게토 지구에 자리한 여러 식당이었다. 그전에도 몇 차례 로마에 간 적은 있지만, 게토 지구에는 가본 적이 없었다. 로마가 워낙 볼거리가 많은 도시다 보니 게토 지구까지 둘러볼 여유가 없었던 것이다. 여러 잡지와 기사, 이탈리아 관광 관런 사이트를 뒤진 끝에 결정한 곳은 '일 자르디노 로마노Il Giardino Romano'. 서로 다른 기사에서 이름이 언급됐다는 점 그리고 이메일로 예약할 수 있다는 점 때문이었다. 사실 이렇게 유난 떨며 찾을 필요는 없었다. 게토 지구에 있는 대부분의 식당이 아티초크를 주재료로 한 음식을 내놓는다.

게토 지구는 테베레강 가에 있다. 강변에 바로 접한 것은 아니고 한 블록 정도 들어간 곳에 있다. 테베레강은 쌍둥이 형제 로물루스와 레무스의 로마 건국 신화에서 배경이 되는 바로 그 강이다. 강 주변에는 영화 〈로마의 휴일〉에 나왔던 '진실의 입'을 비롯해 산탄젤로 성, 마르첼루스 극장, 보르게세 미술관 등 명소가 즐비하다.

바티칸에서 나와 산탄젤로 성을 지난 뒤 다리를 건너 테베레강을 따라 천천히 걸었다. 30분 정도 걷자 게토 지구로 들어가는 골목이 나왔다. 골목길 어귀에 어른의 허리 정도 높이까지 오는 두꺼운 철 구조물이 가로질러 놓여 있었다. 출입을 통제하겠다는 의도가 분명히 드러나는 구조물에다 '게토'라는 이름까지 더해졌기 때문인지 괜스레 스산한 느낌에 침이 마르고 긴장이 됐다. 골목 안으로 들어서는데, 로마시내의 다른 길과 달리 유난히 도로 폭이 좁았다. 게다가 양편에 높은 건물이 촘촘히 들어차 있어서 '쪽방촌'을 보는 듯한 답답함도 밀려왔다. 파란 하늘이 눈부시게 쾌청한 날이었지만 골목 안에는 햇빛이 들지 않았다.

좁은 골목길을 빠져나오자 유대교 회당과 연결된 조그마한 공터

(광장)가 나왔다. 그 주변에 식당과 식료품점, 카페, 바 등이 줄지어 자리 잡고 있었다. 코셰르kosher(유대교 율법에 맞는 음식) 판매를 알리는 간판이 이 지역이 유대인과 관련 있음을 직접적으로 보여주고 있었다. 코셰르 안내판 외에 또 다른 재미있는 특징은 식당 입구마다 앞쪽에 산처럼 수북이 쌓인 아티초크였다.

아티초크는 지중해 지역에서는 굉장히 흔하지만, 우리나라에서는 보기 힘든 채소다. 언뜻 솔방울을 닮은 듯도 하고, 화려한 보석이나 장신구를 떠올리게도 한다. 태극기 깃봉과도 비슷하다. 내가 예약한 식당 앞에서도 말쑥한 차림의 중년 남자가 빠른 손놀림으로 아티초크를 손질하고 있었다. 식당에 들어가 예약을 했다고 하자 직원은 바로 알은체를 하며 자리로 안내했다. 주문을 받으러 온 그에게 로마를 대표하는 채소가 아티초크라는 이야기를 듣고 이곳에 왔다고 하자, 그가 요리를 추천했다. '카르초포 알라 주디아carciòfo alla giudia' 그리고 '치즈와 아티초크를 버무린 생파스타', 로마식 양고기 구이인 '아바키오abbacchio'였다.

카르초포 알라 주디아는 유대 스타일의 아티초크 튀김이다. 아티초크를 통째로 넓적하게 펼쳐서 연한 갈색이 나도록 튀겨낸 요리다. 부위에 따라 바삭거리기도 하고 아삭하기도 했으며, 부드러운 질감도 느껴지는 것이 독특했다. 고소하면서 달큼한 맛이 입맛을 돋웠다. 자극적인 맛일 거라고 예상했으나 의외로 은은하고 담백했다. 우리식 채소로 보자면 돼지감자 맛과 정말 비슷하다. 그러고 보니 돼지감자는 영어로 '예루살렘 아티초크Jerusalem artichoke'다. 그런데 이름만 그럴 뿐, 돼지감자는 아티초크의 종류도 아니고 예루살렘과 도 아무런 관련이 없다.

아바키오는 후추와 소금, 마늘 등으로 가볍게 간을 해서 구운 것이다. 잡냄새 없이 부드러운 감칠맛이 났다. 이 요리는 태어난 지 한 달 정도 된 수컷 새끼 양으로 만든다고 한다. 식사를 대략 마친 뒤 직원에게 게토 지구의 식당이 왜 아티초크로 유명한지, 왜 로마를 대표하는 채소가 아티초크인지 물었다. 그러자 그는 로마에 살던 유대인이 아티초크를 식재료로 사용하면서 요리법을 발전시켰기 때문이라고 했다. 과거에 게토 지구에 유대인이 격리돼 살았는데, 먹을 것이 부족하던 당시 쉽게 구할 수 있었던 것이 아티초크였고, 그것을 그들이 근사한 요리로 만들어냈다. 이후 유대인뿐 아니라 로마인 전체의 식재료로 확산됐다는 설명이었다. 그는 "슬픈 역사, 슬픈 요리"라고 덧붙이며 얇은 팸플릿을 건네줬다.

로마와 아티초크 그리고 유대인의 관계를 알기 위해서는 먼저 로마에 거주하던 유대인의 역사를 살펴봐야 한다. 로마에 유대인을 격리하는 게토 지구가 만들어진 것은 1555년 교황 바오로 4세 때다. 당시 유럽은 각지에서 로마 가톨릭교회의 쇄신을 부르짖는, 즉 종교개혁 운동이 활발했다. 구교와 신교 간 갈등이 격화됐고, 끔찍한 종교재판도 횡행했다. 1555년 교황으로 선출된 바오로 4세는 전임자에 비해 완고하고 독선적이었으며, 유대인에 대한 반감이 강했던 것

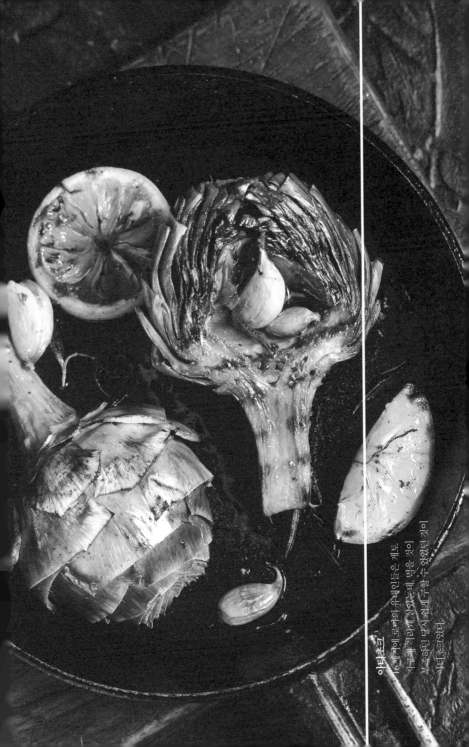

아티초크

16세기에 로마의 유대인들은 케토 지구에 살면서 처음으로 이를 먹었을 것이다. 부드럽게 닿지 쉽게 구할 수 있었던 것이 아티초크였다.

으로 여러 기록에 나온다. 그는 로마에 살던 유대인을 한 지역에 몰아넣고 집단으로 거주하게 하면서, 유대인임을 알리는 표식으로 머리에 모자를 쓰도록 강요했다. 게토가 있는 지역은 테베레강이 범람해 홍수가 잦았고, 그 때문에 주거지로 적합한 곳은 아니었다.

좁은 게토 지구는 높은 벽으로 둘러쳐졌다. 사람은 많은데 거주할 공간은 부족하니 건물 높이를 올리는 것밖에 해결할 방법이 없었다. 자연히 다른 주거지에 비해 건물이 높아질 수밖에 없었고, 좁은 길을 사이에 둔 채 바싹 붙은 건물이 이어지다 보니 햇빛도 들지 않는 으슥한 골목길이 되어버렸다. 열악한 환경에서 살아가던 이들에겐 심리적 압박감도 컸을 것이다. 이들이 모여 살던 게토는 바로 교황의 코앞에 있었다. 천천히 걸어도 바티칸에서 게토까지는 30분이면 닿는다. 이들이 위축된 상태에서 얼마나 숨죽여 살았을지는 짐작하고도 남음이 있다.

주거와 사유재산, 직업 선택까지 제한을 받던 이들에게 풍족한 식재료가 공급됐을 리는 만무했다. 이들은 당시 좋은 식재료로 취급받지 못했던, 하지만 흔한 채소인 아티초크에 주목했고, 이를 요리해 풍미 좋은 음식으로 발전시켰다. 그나마 음식을 만들어 길가에서 파는 일은 할 수 있었기 때문에 유대인은 아티초크나 생선 따위를 튀겨 팔면서 생계를 유지했다. 이들의 생존 욕구에 따른 고육지책이 오늘날 로마를 대표하는 요리로 발전한 것이다.[36]

로마에서 아티초크를 요리하는 방식은 크게 두 가지다. '카르초

포 알라 주디아'와 '카르초포 알라 로마나carciòfo alla romana'다. 후자
는 로마 스타일의 아티초크다. 두 가지 요리법은 다음과 같다.[37]

- 카르초포 알라 주디아: 카르초포를 평평하게 한 다음 끓는 올리브오
일에 익힌다. 이때 기름 온도는 120도보다 높거나 낮아서는 안 된다.
익은 카르초포에 찬물을 약간씩 뿌려준다.
- 카르초포 알라 로마나: 식초를 첨가한 물에 카르초포를 데친 뒤 파슬
리, 오일, 식초, 민트, 소금으로 조미한다.

300년 넘게 이어져온 로마의 게토는 이탈리아가 통일 왕국이 된
1870년 해제됐다. 하지만 이곳에 다시 비극이 닥친 것은 제2차 세
계대전 중이던 1943년이다. 이탈리아 북부를 점령한 나치가 이탈
리아에서 1000명 이상의 유대인을 무차별로 체포했다. 로마의 게
토 지역에 거주하던 유대인도 대거 포함됐다. 아우슈비츠로 끌려간
이들 중 살아 돌아온 이는 극소수에 불과했다. 게토의 건물 벽과 바
닥에는 희생자의 이름과 흔적을 새겨 그들을 기리는 석판이 지금도
붙어 있다.

로마의 아티초크와 관련한 흥미로운 뉴스가 눈길을 끈 적이 있
다. 2018년 4월 이탈리아의 대표적 민영 통신사인 안사ANSA 등 유
럽 지역 언론이 보도한 내용인데, 아티초크를 두고 이스라엘 랍비청
과 로마 유대인 사이에 논쟁이 벌어진 것이다. 유대인은 음식에도

철저히 율법을 지킨다. 그들의 율법
에 따르면 채소나 과일을 먹을 때
도 벌레 먹지 않은 깨끗한 것을
골라야 코셰르가 된다.

뉴스에 따르면 이스라엘 랍비
는 로마 유대인의 자랑거리인 아티
초크 요리가 코셰르가 아니라고 주장
했다. 따라서 이스라엘 식당의 메뉴에
들어가서도 안 되고 수입도 금해야 한

식당 앞에 쌓여 있는
아티초크

다는 것이다. 그 이유는 아티초크 안에 벌레나 불순물이 있을 수 있
기 때문이라는 것이다. 실제로 아티초크를 보면 짐작할 수 있겠지
만, 낱낱이 분리해 쪼개지 않는 한 틈새에 어떤 불순물이 섞여 있는
지는 알 수 없다. 게다가 아티초크를 통째로 튀겨 먹는 것이 로마 유
대인의 요리 방식인데, 이스라엘 랍비rabbi는 이것을 가지고도 "아
티초크는 벌레로 가득하다. 그리고 그 내부를 깨끗하게 할 방법도
없다"라며 다소 과격한 발언을 했다.

이에 대해 로마의 유대인은 "요리에 사용하는 아티초크는 줄기
가 좁아 벌레가 들어오기 어려울 뿐 아니라, 튀기기 전에 레몬 물로
씻어내 오염이 없음을 확인하기 때문에 문제가 없다. 우리는 이 같
은 방식으로 수백 년간 이 요리를 만들고 먹어왔다"라며 맞섰다.

유대인의 음식 관련 규정은 까다롭기로 정평이 나 있다. 유대교

의 율법에 따라 먹고 마시는 음식, 방법까지 철저히 따른다. 그런데 종파에 따라 율법을 해석하고 적용하는 방식이 조금씩 다르다 보니 이 같은 논쟁이 벌어지는 경우가 종종 있다.

아라비아의 디저트, 달콤함은 믿음의 증거

몇 년 전 이집트에 출장을 갔을 때 유독 적응되지 않았던 두 가지가 있다. 하나는 교통 신호를 완전히 무시하는 운전자였고(도저히 신호 등을 보고 길을 건널 수 없을 정도라 길 건너편 목적지에 가기 위해 택시를 타기도 했다), 또 하나는 차를 마실 때 어마무시하게 들이붓는 설탕 양이었다. 그곳에서 만난 현지인은 대부분 차를 즐겼고, 그때마다 상당한 양의 설탕을 넣었다. 심지어 큼직한 유리잔의 절반가량을 설탕으로 채우는 사람도 있어서 보기만 해도 혀가 오그라들 지경이었다. 내게도 커피나 차를 권하며 찻잔 옆에 각설탕을 한 주먹씩 놓아주곤 했다.

차에 설탕을 듬뿍 넣어 마시는 것은 비단 이집트만의 특징은 아니다. 요르단, 아랍에미리트, 시리아, 터키 등 서아시아 지역 국가가 대체로 비슷하다. 술을 금기시하는 문화 때문에 차와 같은 음료가 발달한데다 더운 날씨로 인해 지친 몸을 회복하기 위해 설탕을 많이 넣어 달게 마신다. 최근 몇 년 사이엔 이 지역 국가 사람들의 지나친 설탕 섭취량 때문에 골머리를 앓고 있다는 보도가 심심찮게 나오기도 한다.

아랍에미리트의 일간지 《칼리즈 타임스Khaleej Times》의 2018년 7월 6일 자 보도[38]는 설탕과 전쟁을 벌이고 있는 아랍에미리트의 상황을 다루고 있다. 보도에 따르면 이 나라 국민의 하루 평균 설탕 섭취량은 평균 권장량의 30배에 이른다. 11세 이상 인구의 하루 평균 설탕 권장량은 30그램으로 5티스푼 정도에 해당한다. 하지만 이곳 사람들은 하루 평균 147티스푼의 설탕을 섭취한다. 1년간 평균 수백 킬로그램의 설탕을 섭취하고 있는 셈이다. 이 때문에 아랍에미리트 정부는 설탕이 많이 든 음료에 '죄악'이라는 명칭의 세금(Sin tax)을 부과한다고 한다.

2016년 이집트의 아인 샴스 대학교Ain Shams University 의과대학이 발표한 연구 결과를 보면, 세계에서 비만 인구 비중이 높은 10개국 중 여섯 나라가 서아시아와 북아프리카 국가였다. 체질량지수 BMI 25 이상인 과체중, 비만 인구가 전체에서 차지하는 비율은 쿠웨이트가 가장 높았고, 사우디아라비아가 그다음이었다.

2019년 7월 이스라엘의 뉴스 사이트 와이넷ynet도 서아시아 지역의 비만 확산 현상을 기사로 다뤘다.[39] 이 기사에 따르면 아랍에미리트의 비만 인구는 세계 평균의 두 배이며, 이집트 인구의 75퍼센

바클라바

서아시아 전역에서는 다양한 종류의 달콤한 디저트를 즐긴다. 특히 터키는 디저트의 천국이라고 불릴 정도로 화려한 디저트가 많다. 얇은 도 사이에 견과류와 꿀을 층층이 넣고 쌓아 만든 파이인 바클라바도 그중 하나다.

트가 과체중에 시달리고 있다. 과체중의 주범으로 지목된 것은 설탕이 많이 들어간 음료와 각종 패스트푸드이며, 나라마다 대책 마련에 애쓰고 있다.

음료만 달게 마시는 것이 아니다. 서아시아 지역에서 즐겨 먹는 디저트도 엄청난 당도를 자랑한다. 쿠나파Kunafa, 옴 알리Om Ali, 마물Ma'amoul, 바클라바Baklava, 무할레비Muhallebi, 샤비야트Shaabiyat, 잘레비Jalebi 등 서아시아 전역에서 다양한 종류의 달콤한 디저트를 즐긴다. 특히 터키는 '디저트의 천국'이라고 불릴 정도로 화려한 디저트가 많다. 얇은 도 사이에 견과류와 꿀을 층층이 넣고 쌓아 만든 파이 바클라바를 비롯해 '터키시 딜라이트Turkish Delight'로 불리는 젤리 로쿰Lokum, 쌀로 만든 푸딩 쉬틀라치Sütlaç, 밀가루와 설탕으로 만든 헬바Helva 등이 유명하다. 최근 국내의 디저트 시장이 급성장하면서 서아시아권의 생소한 디저트를 맛볼 수 있는 곳도 늘어나고 있다.

이태원에 갈 때면 가끔 모슬렘을 대상으로 하는 할랄halal 식품점에 가기도 한다. 그들이 즐겨 먹는 디저트나 과자류를 몇 번 사본 적이 있다. 맛있을 것 같아 집었으나 그 엄청난 당도에 적응하기가 쉽지 않았다. 달콤한 맛을 싫어하는 사람은 많지 않다. 누구나 대체로 좋아하는 맛이다. 그런데 왜 서아시아 사람은 유독 이처럼 강한 단맛을 좋아하는 것일까?

물론 날씨가 더운 탓도 있다. 또 금식 기간인 라마단Ramadan을 지낸 후 빠르게 기력을 회복하려면 단 음식이 도움이 된다. 흥미로운 것은 여기에 종교적 이유도 있다는 점이다. 《탐식의 시대》 저자인 역사학자 레이철 로던Rachel Laudan은 달콤한 디저트의 연원을 종교에서 찾는다. 모슬렘은 맛있는 식사를 포함해 현세에서 즐기는 쾌락을 낙원에서 누리는 기쁨의 예시로 여겼다고 한다. 즉 화려하고 다양한 요리는 낙원의 기쁨이 크다는 것을 확인하는 증거였다. 그는 이 책에서 "디저트를 즐기는 것은 믿음의 증거라는 내용이 쿠란에 언급돼 있다"라고 썼다. 그 때문인지 10세기에 쓰인, 현재 전해지는 아랍의 가장 오래된 요리책 《키타브 알타비크Kitab al-Tabikh》에 나오는 레시피의 3분의 1이 디저트다. 앞서 언급한 로쿰, 잘레비, 쿠나파 등도 이 책에 소개돼 있다. 캔디의 일종인 누가, 아이스크림의 유래가 된 셔벗 역시 모슬렘에 의해 서구 세계에 전해졌다.

달콤한 디저트를 즐기는 것은 종교적 이유뿐 아니라 건강에 도움이 된다는 믿음도 있었기 때문이다. 아랍권의 대표적인 문학 작품인 《천일야화》에는 산더미처럼 음식을 차려내 대접한 뒤 달콤한 과자를 건네며 '소화를 돕는 데 탁월한 효능이 있다'고 권하는 장면이 묘사돼 있다.[40] 《키타브 알타비크》에도 달콤한 디저트 종류를 모두 식사 끝 순서에 두고 있다.

이 지역에서 특히 디저트 문화가 발달한 것은 페르시아의 영향이 컸다. 언어학자인 댄 주래프스키Dan Jurafsky 스탠퍼드 대학교 교수는 《음식의 언어》에서 다음과 같이 말한다.

바그다드는 메소포타미아에서도 예전에 페르시아에 속하던 지역에 건설됐고, 그곳에서 칼리프의 위대한 요리사들은 달콤한 아몬드 페이스트리 라우지나즈와 끈적끈적한 사탕 팔루다즈, 시크바즈처럼 시큼한 요리, 여러 가지 달콤한 스튜 등 페르시아의 디저트를 빌려오고 더욱 풍부하게 하여 요리의 새 물결을 일으켰다.[41]

《천일야화》에는 군침을 자극하는 음식이나 디저트에 대한 묘사가 꽤 나온다. 그중에서도 〈누레딘 알리와 베드레딘 하산 이야기〉에 등장하는, 석류 알갱이와 설탕을 듬뿍 뿌린 크림 타르트를 꼭 먹어보고 싶다.

아침 죽,
마음 밥상을
차리다

10여 년 전 돌아가신 할머니는 죽을 좋아하지 않으셨다. 일제강점기와 한국전쟁, 보릿고개를 지낸 그 시대 어르신이 다 그렇듯 '사흘에 피죽 한 번도 못 먹을 정도'로 굶는 날이 부지기수였고, 뭐라도 먹을거리가 생기면 물을 가득 부어 국 같은 죽을 만들어 가족을 먼저 먹여야 했기 때문이다. 할머니는 전복죽이나 닭죽처럼 호사스러운 죽 앞에서도 "난 밥이 좋다"라며 밥을 고집하셨다.

요즘은 죽이 건강식으로 주목받고 있고 미식가도 즐기는 다양한 맛의 죽이 나오지만, 대체로 예전 어른에게 죽은 그다지 긍정적 이미지는 아니었던 것 같다. 우리가 흔히 쓰는 관용적인 말을 보면 '죽을 쒔다', '변덕이 죽 끓듯 한다', '죽도 밥도 아니다'는 식의 부정적 의미가 많다. 한국전쟁을 겪은 비참한 시절의 식생활을 대변하는 음식은 '꿀꿀이죽'이었다.

질곡의 근현대사를 겪으며 죽은 부정적 의미를 가질 수밖에 없는 상황에 처해 있었다. 하지만 따지고 보면 죽은 인류의 역사와 함께해온 의미 있고 유서 깊은 음식이다. 곡식을 재배해 수확한 뒤 물을 넣고 끓인 원초적 음식 역시 죽의 일종이다.

조선시대 임금이 아침에 일어나 처음 받는 상인 초조반상初早飯床의 주된 음식은 죽이었다. 아기가 이유식으로 먹는 것도, 아픈 사람이 먹는 것도, 동짓날 별미로 먹는 것도 모두 죽이었다. 남녀노소와 빈부귀천을 막론하고 즐길 수

사찰의 아침 공양 죽
보리수 아래에서 정진하던 싯다르타는 마을의 한 여성이 바친 죽을 먹고 원기를 회복해 깨달음에 이르렀다. 그래서 불가의 승려가 아침 공양으로 죽을 먹는 것이 널리 전통으로 이어온다.

있는, 게다가 소화도 잘되고 부드럽게 잘 넘어가는 음식이다. 적은 재료를 가지고 더 많은 사람이 나누어 먹는 요리를 만들 수 있다는 점에서도 정겹고 따뜻한 의미를 담고 있다.

불교에서 죽은 특히 중요한 의미를 지닌다. 보리수 아래에서 정진하던 싯다르타는 6년간 고행을 하며 피골이 상접한 상태였다. 그런 싯다르타에게 마을에 살던 젊은 여성 수자타는 우유로 끓인 '유미죽'을 공양했다. 이를 먹고 기운을 차린 싯다르타는 비로소 깨달음에 이른다. 성도재일成道齋日은 바로 이날, 즉 싯다르타가 깨달음

을 얻은 날을 가리킨다. 불교의 가장
큰 기념일 중 하나인 이날 불교 신자
는 사찰에 모여 철야 정진을 한 뒤,
새벽에 다 함께 죽을 끓여 나누어 먹
는다. 이는 깨달음의 의미를 되새기
기 위한 불가의 오랜 전통이다.

사찰음식 특별전에
선보인
서리태흑임자죽

　깨달음의 길잡이로 역할을 했던 유미
죽은 어떻게 만들어졌으며, 어떤 맛이었
을까? 음식을 통해 우리 역사를 조망한
책《천년의 밥상》에서는 유미죽을 두고
"물에다 곡물가루를 풀어 연근 즙과 함께 우유를 넣어 만든 죽"이라
고 설명한다. 싯다르타를 깨달음에 이르게 했던 이 죽은 이후 줄곧
사찰음식으로 전해 내려오고 있다.

　　곡물을 가루를 내어 끓이다가 연근 즙과 우유를 넣고 죽을 쑨다고 했는
　　데, 이때 우유는 낙수(우유를 끓여 굳힌 것)를 사용하는 것이 기본이다. 불
　　경의《승지율》이나《십송률》에는 우유로 만든 죽도 유죽乳粥, 낙죽酪粥,
　　수죽酥粥, 유죽油粥 등으로 세분했는데, 유乳는 생젖 형태, 낙은 반응고
　　형태, 수는 크림 형태, 유油는 바짝 졸인 기름 형태다.[42]

　불가의 승려는 평소에도 아침 공양으로 죽을 자주 먹는다. 전라

남도 장성의 고불총림 백양사, 비구니 참선 도량으로 잘 알려진 경상북도 울진의 불영사 등 대표적인 천년 고찰에서도 아침에 죽을 먹는 것을 전통으로 이어온다. 그렇지 않은 사찰 중에서도 수행에 집중하는 여름과 겨울 안거安居[*] 기간에는 대개 아침으로 죽을 선택한다.

몇 년 전 읽었던 소설가 강석경의 산문집《저 절로 가는 사람》은 포근하고 회화적인 문장도 좋았지만, 마음을 설레게 만들 만큼 그립고 맛깔난 사찰음식을 생생히 떠올리게 하는 문장이 있어 기억에 남는다. 사찰에서 식재료를 다루고 요리하는 과정을 잔잔하고 차분하게 묘사했는데, 그 냄새가 코앞에 진동하고 맛이 혀끝에 느껴지는 듯했다. 특히 통도사의 한 스님이 "지난해 동지 때 가마솥의 팥죽을 젓기 위해 나룻배를 타고 수평선 너머로 간 스님이 아직 돌아오지 않았다"라는 말로 통도사의 풍족한 살림 규모를 자랑했다는 대목이 인상 깊었다.

송광사 스님의 아침 공양은 죽으로 정해져 있다. 잣죽, 야채죽, 연근죽 등이 번갈아 나온다. 아침 죽 공양은 부처님 시절부터 내려왔다. 어려서 출가한 아이가 아침에 배가 고프다고 우니 부처님이 죽을 끓여주라고

---

[*] 스님이 외부 출입을 하지 않고 선방에만 머무르며 여름과 겨울에 각기 석 달씩 수행에 전념하는 것을 '안거'라고 한다. 여름 안거는 '하안거', 겨울 안거는 '동안거'라고 칭한다.

지시했고, 그때부터 아침에는 속을 편하게 하는 죽을 먹었다. 이것이 불교와 함께 중국으로 건너왔다. 중국은 원래 죽이 발달한 나라라 중국에서 한국으로 불교가 전파되면서 음식 풍속도 내려왔다.[43]

죽은 예로부터 수행자에게 좋은 음식으로 인식됐다. 출가자가 불법을 수행하는 데 필요한 계율을 기록한 율전《사분율四分律》에는 죽의 효능 다섯 가지가 소개돼 있다. 시장기를 달래주고, 갈증을 풀어주며, 소화를 돕고, 대소변을 원활하게 하며, 풍을 없애준다는 것이다.

이름난 고승이 좋아했던 음식으로도 종종 죽이 꼽힌다. '절구통 수좌'라는 별명이 붙을 정도로 치열한 수행 정진을 했던 조계종의 초대 종정 효봉曉峰 스님에게 빠지지 않는 하루 한 끼는 연밥죽이었다. 《화엄경》을 번역하는 등 최고의 학승으로 평가받는 탄허呑虛 스님이 즐겼던 음식은 잣죽이었고, 성철性徹 스님도 다양한 죽을 즐긴 것으로 알려져 있다.

오랫동안 사찰음식을 연구해온 일운 스님은 저서《마음 밥상》에서 "부처님은 죽을 드시고 원기를 회복해 깨달음에 이르셨는데, 여기서 '음식을 먹는다'는 것의 의미를 찾을 수 있다"라면서 "수행자들에게 먹는다는 것은 오감을 즐기기 위해서가 아닌, 수행과 지혜를 담는 몸을 지탱하기 위한 방편"이라고 했다.

오신채,
스님의 수행을 해치는
다섯 가지 매운맛

만원 지하철이나 엘리베이터 같은 닫힌 공간에서 불쾌한 냄새 때문에 고통스러웠던 기억은 누구에게나 있을 것이다. 그중에서도 일상적으로 흔히 맞닥뜨리게 되는 것은 마늘이나 파 따위가 음식물과 뒤섞인 역한 냄새다. 숨만 쉬어도 그런 냄새는 계속해서 풍겨 나와 퍼지는데, 입을 열고 말을 하기 시작하면 주변 사람은 정말로 참기 힘든 고통에 시달리게 된다. "많은 사람이 그런 냄새를 풍기면서 함께 있어야 한다면 얼마나 괴롭겠어요. 가만히 있어도 짜증이 나는데 수행에 집중이 되겠느냐고요. 그러니 이런 음식은 먹지 말라고 하는 거지요." 불교에서 왜 오신채五辛菜를 금하는지 궁금해하던 내게 한 스님이 해준 이야기다.

불교에서 오신채는 다섯 가지 맵고 자극성이 강한 음식을 말한다. 마늘과 파, 달래, 부추 그리고 흥거(무릇)다. 앞서 말했듯 수행에 방해가 되기에 금한다. 좋지 않은 냄새로 타인에게 불쾌감을 주는 것도 수행을 방해하는 요인으로 작용하지만, 다른 이유도 있다. 따뜻한 성질을 갖고 있어서 몸에 양기陽氣를 불어넣어주기 때문이다. 양기를 불어넣는다는 것은 정력을 강화하고 성욕을 일으키는 효과가 높다는 말과도 통한다. 자연히 속세를 떠나 수행에 힘써야 할 수도자에게 적합하지 않은 식품인 셈이다.

오신채 중에서도 양기를 불어넣는 데 가장 효과적이고 강력한 힘을 가진 것은 마늘이다. 예로부터 마늘은 정력 식품으로 주목받아왔다. 한의서에서는 마늘을 '흥양도興陽道'라고 한다. 성 기능을 흥하게 한다는 뜻이다.《본초강목本草綱目》에서도 마늘을 부추, 복분자, 구기자 따위와 함께 대표적 강장 식품으로 꼽는다. 실제로 고대 이집트, 그리스, 로마 시대에도 마늘은 정력제로 활용됐다. 호색한의 대명사인 카사노바도 굴과 함께 마늘을 즐겨 먹었던 것으로 전해진다. 동국대학교 일산한방병원 정지천 원장은 "마늘은 정력제를 넘어서 최음제로도 작용한다"라면서 "한의학뿐 아니라 서양 의학에서도 마늘은 성호르몬 분비와 혈액순환을 촉진하는 대표 음식으로 꼽힌다" 라고 설명한다.

《본초강목》에도 언급됐듯 부추 역시 남성의 양기를 높이는 채소다.《본초강목》에는 "온신고정溫腎固精의 효과가 있다"라고 쓰여 있는데, 신장과 생식 기능을 강화한다는 뜻이다. 부추는 흥미로운 별칭이 많다. 양기를 북돋워준다고 해서 '기양초起陽草'로 부르기도 하

마늘

불교에서 금하는 오신채 가운데 하나인 마늘은 양기를 불어넣는 네 가장 강력한 힘을 가진 것으로 여겨져. 예로부터 동서양을 막론하고 정력 식품으로 주목받아왔다.

고, 일할 생각은 안 하고 성욕만 커지게 만든다고 혹은 아무데나 씨를 뿌려놓고 돌보지 않아도 잘 자란다고 하여 '게으름뱅이풀'이라는 별명도 붙었다. 그리고 집을 허문다는 뜻의 '파옥초破屋草'라고도 불린다. 이는 집을 헐고 부추를 심을 만큼 부부간의 금실을 좋게 한다는 데서 나온 말이다. 남도 지방에서는 부추를 '정구지'라고 하는데, 일각에서는 부부간의 정을 오랫동안 유지하게 한다는 의미의 정구지情久持라고 주장하기도 한다. 아무튼 이 같은 속설 때문인지 "초벌 부추는 사위도 주지 않고 남편에게만 먹인다", "봄 부추는 인삼, 녹용과도 바꾸지 않는다"라는 옛말도 있다.

흥거는 우리에게 익숙하지 않은 채소다. 중국 남부나 타이완에서 많이 나는데, 불가에서는 흥거가 진화한 형태가 양파라고 본다. 이 때문에 스님은 양파도 먹지 않는다. 서양에서도 양파를 정력에 좋은 식품으로 생각해서인지 프랑스의 호텔에서는 신혼부부에게 양파 수프를 제공한다고 한다.

봄나물인 달래는 산에서 나는 마늘로 통할 만큼 마늘과 영양이나 효능 면에서 비슷하다. 그런데 여기서 궁금한 것은 고추가 왜 오신채에 들어가지 않는가 하는 것이다. 고추도 맵고 열성이 강한 음식인데 말이다. 금당전통음식연구원 이사장 대안 스님에게 그 이유를 묻자, 스님은 "고추나 생강도 열성을 가진 음식이지만 그 정도가 약하고 지독한 향도 없다", "수행을 방해하는 어지러운 마음을 크게 일으키는 것은 아니다"라고 답했다.

오신채 금지를 언급한 불교의 경전은 여러 가지다. 그중에서도 《수능엄경首楞嚴經》은 "오신채를 익혀 먹으면 음란한 마음이 생겨나고, 날것으로 먹으면 세 가지 독심이 일어난다"라고 했다. 세 가지 독심이란 '탐貪(욕심)', '진瞋(화)', '치癡(어리석음)'를 일컫는다.

중국과 우리나라, 한국, 일본 등 선불교 전통이 강한 곳에서는 오신채를 금지하는 문화가 엄격하게 지켜진다. 반면 탁발 문화가 남아 있는 남방 불교에서는 오신채를 금하지 않는다. 탁발이란 집집마다 돌아다니며 신자가 주는 음식을 먹는 것이기에 특정한 음식을 가릴 수가 없다.

양기를 돋우고 정력에 좋은 식품이라는 것은 혈액순환이 원활하도록 돕는 효과가 있다는 말이다. 즉 오신채는 혈액순환에 좋고 신체 기능을 강화하는, 건강에 도움을 주는 식품이다. 게다가 현대인의 식습관에 비춰볼 때 마늘은 반드시 섭취해야 할 슈퍼 푸드다. 고대의 식습관에서 형성된 규정이 현대에도 그대로 통용된다는 것은 비합리적이라는 생각도 든다. 그 때문인지 근래에는 오신채를 금하는 것에 대해 새롭게 논의해야 한다는 주장도 나오고 있다.

오신채 이외에도 성욕을 강화하는 음식과 약이 넘치는데, 이를 놔두고 기록되어 있는 오신채만 금지해야 하는가도 의문이다. 오신채는 조미료에 비하면 음식을 맛있게 하는 기능도 뒤떨어지는데, 조미료는 경전에 기록되어 있지 않으니 먹어도 되고 기록되어 있는 오신채는 먹으면 안

양파

오십 세가 가까워 둥지를 틀고는 중구난방부터 티가 있어서 많이 나는 식물로, 볕가에서는 홍기가 친화향 행해가 강하다고 본다, 이 때문에 스님을 양과도 먹지 않는다.

된다는 것도 불합리하다. 부처님은 생전에 제자들이 불편을 겪거나 이의를 제기할 때 합리적이면 받아들여서 계율을 수정했다. 지금 부처님이 살아 계신다면 오신채 금지 조항을 수정하지 않으실까.[44]

전 송광사 율원장을 지낸 도일 스님은 "불교의 수행법이 극단에 치우치지 않는 중도의 법을 중요하게 여기듯, 어떤 것은 먹으면 안 되고 어떤 것은 먹어도 좋다는 식의 가르침이 아니라, 경우에 따라 어떤 음식을 먹어야 하는지를 잘 아는 것이 율장에 나타난 부처님이 의도하신 음식법"이라고 강조했다. 다음은 스님이 《송광사보》에 기고한 글이다.

오신채를 먹는 것이 도에 장애된다고 하여 금기하는 법은 대승 시대에 와서 생긴 법이다. 부처님께서 마늘을 먹지 말라고 제정하신 일은 있으니, 그것은 다음과 같은 사건에서 비롯됐다. 평소에 부처님 가까이 앉아 설법을 듣던 비구가 어느 날 멀리 앉아 있는 것을 보고 부처님께서 그 이유를 묻자 마늘을 먹어 냄새가 나기 때문이라고 했다. 부처님께서는 마늘을 먹지 말라고 하셨다. 또 어느 거사가 마늘을 비구니들에게 보시했는데, 한 비구니에게 다섯 뿌리씩 가져가도 좋다고 하자 비구니들이 거사의 밭에 있는 마늘을 모두 걷어와 버렸다. 거사가 부처님께 이 일을 사뢰자 부처님께서는 마늘을 먹지 말라고 하셨다.

오신채가 음욕과 화를 돋운다는 말은 한의학적으로 어느 정도 근거가 있기는 하지만, 부처님께서 마늘 먹는 것을 금하신 까닭은 수행하는 데 결격의 사유가 아니라 위와 같은 비구와 비구니의 좋지 못한 개인적인 행동에서 비롯됐다.[45]

재미있는 것은 사찰의 공양간, 즉 주방에 들어가면 냄새가 나지 않는다고 한다. 예전에 선재 스님에게 이 말씀을 들은 뒤에 실제로 몇몇 사찰의 공양간을 들여다본 적이 있다. 정말 설거지를 하고 가지런히 정리해둔 공양간에는 음식 냄새가 배어 있지 않았다. 첨단 설비가 없는 산사의 공양간에서는 오히려 비 냄새, 풀 냄새가 났다. 선재 스님의 말대로 그 비밀은 바로 오신채를 사용하지 않는 것이었다.

이브를 유혹한 선악과는 토마토였다?

토마토 없는 이탈리아, 감자 없는 독일의 식탁을 상상할 수 있을까? 토마토와 감자는 1492년 콜럼버스의 아메리카 대륙 발견 이후 유럽에 전해졌다. 옥수수, 고추, 카카오 등 다른 주요 작물과 함께 인류의 식생활을 풍성하게 만들어온 작물이지만, 전래 초기에는 억울한 핍박을 받았다. 오해와 누명을 뒤집어쓴 채 혐오와 차별을 고스란히 겪어야 했다. 그 이유는 당시 유럽을 지배하던 기독교적 세계관 때문이었다. 기독교적 시선에서 봤을 때 토마토와 감자는 정욕을 부추기고 사악한 기운이 있는 '불순'한 작물이었다.

토마토가 16세기 초 유럽에 들어온 뒤 얻은 이름은 '사랑의 사과'다. 이름은 낭만적이지만 그 의미는 영예롭지 않았다. 최음제 혹은 정력제와 같은 작물로 여겨진 것이다. 토마토를 그렇게 판단하게 된 기준은 모양이었다. 토마토의 탐스러운 붉은색, 풍부한 과즙은 그 자체로 음욕을 자극하는 요소였다. 게다가 당시 사람은 토마토가 맨드레이크와 닮았다고 생각했다. 맨드레이크는 구약성경 창세기에도 나오는, 고대부터 최음제로 전해 내려오는 식물이다. 그래서 토마토가 그런 오해를 살 수밖에 없었던 것이다.[46]

17세기 영국에서 청교도혁명을 이끌었던 크롬웰Oliver Cromwell은 아예 토마토 재배를 금지했다. 실생활에서도 세속적 쾌락을 죄악시하고 금기시했던 청교도로서는 생김새만으로도 '음욕을 부추기는' 토마토를 가꾸고 먹는 것은 용납하지 못할 일이었을 것이다.

토마토는 성경 창세기에 나오는 금단의 열매로도 오해를 받았다. 이브를 유혹해 아담에게 먹이고, 결국 인류 전체를 타락시킨 원인이 된 선악과가 토마토라고 생각한 것이다. 당시 유럽인은 남아메리카를 에덴동산이라고 생각했다. 그들은 동방에 낙원이 있다고 믿었다. 콜럼버스 역시 낙원이 있는 동방을 찾아 여행했고, 그가 발견한 아메리카 대륙을 낙원 근처라고 생각했다.

성경에 묘사된 에덴동산에서는 네 개의 큰 강이 발원한다. 아메리카 대륙에 도착했을 당시 콜럼버스는 바다로 흘러들어가는 거대한 물줄기를 보았고, 그것이 에덴동산의 근거가 된다고 생각했다. 하지만 이 강은 지금의 베네수엘라를 지나 카리브해로 빠져나가는 오리노코강이다. 콜럼버스는 이 오리노코강을 에덴동산으로 이어지는 관문이라고 본 것이다.[47] 자연히 남아메리카에서 가져온 토마토는 유럽인에게 에덴동산에서 온 과실로 받아들여졌고, 그 생김새

토마토

토마토가 16세기 초 유럽에 들어온 뒤 연은 이름은 '지냥의 사과'다. 이 이름은 낭만적이지만 그 의미는 연애 물지 않았다. 토마토의 발소리온 붉은색, 풍부한 과즙은 그 자체로 응욕을 자극하는 요소였기에, 관은체 혹은 정력제와 같은 식물로 여겨진 것이다.

때문에 인류를 타락시킨 금단의 과일이라는 혐의가 씌워진 셈이다.

토마토가 식재료로 사용되기 시작한 것은 17세기부터인데, 이탈리아에서 먼저 사용됐다. 하지만 그 후에도 여정이 순탄했던 것은 아니다. 남아메리카에서 전해진 토마토가 다시 북아메리카 대륙으로 건너간 것은 18세기 영국인에 의해서다. 미국 땅에 정착한 영국인에게 토마토는 여전히 부정적이었다. 그들은 토마토에 독이 있다고 생각했다. 먹으면 죽는다는 괴담이 사실처럼 받아들여졌다. 19세기 초반까지 사람들이 굳건하게 믿었던 이 속설은 당시 토마토를 재배하던 한 남성의 공개 실험으로 허무맹랑한 믿음이었음이 증명된다.

군인 대령이자 토마토를 재배하던 농부 로버트 기번 존슨Robert Gibbon Johnson은 1820년 뉴저지주 세일럼의 한 광장에서 공개적으로 토마토를 먹는 퍼포먼스를 했다. 사람들은 그 모습을 보기 위해 몰려들었고, 의사조차 그가 죽을 것이라고 예견했다. 토마토에서 흘러내리는 붉은 과육이 그의 얼굴과 옷을 적셨는데, 이를 지켜보던 몇몇 여성은 비명을 지르거나 실신하기도 했다. 하지만 엄청난 양의 토마토를 먹은 그는 멀쩡했다. 사람들은 "그가 해냈다", "그가 살아 있다"라며 환호했고, 이후 토마토에 대한 오해는 풀렸다. 1980년대에 세일럼 카운티에서는 그가 토마토 먹은 날을 '로버트 기번 존슨 데이'로 지정해 기념했다.[48]

한편 영국에서 '사랑의 사과'로 불리던 토마토는 미국으로 건너

가 '울프 애플'로 불렸다. 늑대와 같은 정력이 생긴다는 의미에서 그런 이름이 붙었다고 한다.[49]

감자가 오해를 받은 것도 모양 탓이 컸다. 당시 사람들이 보기에 토마토가 욕정을 자극하는 외관을 가졌다면, 감자는 불쾌감을 일으켰다. 감자는 일단 모양이 울퉁불퉁하다. 지금도 뭔가가 감자를 닮았다고 하면 예쁘고 매끈한 것과는 거리가 먼 것을 의미한다. 서구에서는 외모를 비하할 때 종종 감자에 비유하기도 한다. 게다가 감자는 깎아놓으면 금방 갈변한다. 하얀 표면이 거무죽죽하게 변하기 때문에 사람들은 이 모습에서 나병을 연상했다. 그래서 감자를 먹으면 나병에 걸린다는 낭설과 함께 공포심까지 퍼졌다.[50] 또 정력제라는 소문도 났는데, 이는 감자가 황소의 고환을 닮았다고 여겼기 때문이다.[51]

성경에 언급되지 않은 작물이라는 근거 없는 종교적 편견도 감자를 터부시하는 데 영향을 미쳤다. 오늘날 독일 이상으로 감자를 주식으로 사용하는 러시아는 19세기에 들어서야 감자를 식용작물로 받아들여 재배하기 시작했다. 표트르 대제는 일찍이 감자를 보급하려고 부단히 노력했지만, 쉽게 실현할 수 없었다. 불쾌감과 공포심을 자극하는 소문이 퍼져 있었기 때문이다. 게다가 러시아의 기독교 신자는 금단의 열매인 감자를 먹는다는 것은 신에게 불경을 저지르는 행위이므로 천국에 갈 수 없다고까지 믿었다.[52]

유럽 여러 나라에서는 감자 먹는 것을 터부시했지만, 아일랜드는 달랐다. 16세기에 일찌감치 감자 재배를 시작한 뒤 이를 주요 식량 자원으로 삼았다. 하지만 이웃 영국은 달랐다. 18세기 말 영국은 거듭된 흉작으로 식량난을 겪게 됐다. 이를 극복하기 위해 아일랜드에서 감자를 수입하려 했지만, 당시 성직자와 노동자는 이를 거부하며 폭력 시위까지 일으키기도 했다.

감자

감자가 오해를 받은 것도 모양 탓이 컸다. 토마토가 욕정을 자극하는 외관을 가졌다면, 감자는 불쾌감을 일으켰다.

지금은 영국을 대표하는 음식이 된 '피시 앤드 칩스'의 감자튀김은 19세기 들어 가난한 노동자 사이에서 보편화됐다. 그럼에도 당시 엘리트층에서 감자는 혐오의 대상이었던 것 같다. 문화비평가이자 사회사상가였던 존 러스킨John Ruskin은 1869년경 감자를 가리켜 "마귀를 섬기는 부족의 불경한 땅속 식물"이라고 혹평했다.[53]

커피,
'악마의 음료'에
세례를!

세계에서 커피에 대한 자부심이 가장 큰 나라는 이탈리아가 아닐까 싶다. 전 세계 방방곡곡을 누비는 커피 브랜드의 대명사 스타벅스가 2018년에야 겨우 발을 디딜 수 있게 된 나라이니 말이다. 에스프레소 기계를 최초로 개발하면서 이탈리아는 세계의 커피 산업과 트렌드를 주도해왔다. 카푸치노cappuccino, 마키아토macchiato와 같은 커피 용어 역시 모두 이탈리아어에서 유래했다. 게다가 이탈리아는 역사적으로도 커피 유통에 중요한 역할을 했다.

16세기까지 커피는 이슬람 문화권을 대표하는 음료였다. 그런데 16세기 후반 오스만튀르크와 활발히 무역을 하던 베네치아 공화국 상인들 덕분에 커피가 유럽으로 전해질 수 있었다. 당시만 해도 유럽과 이슬람권의 아침 풍경은 사뭇 달랐다. 유럽 사람이 아침에 맥주를 마셨다면 이슬람권에선 커피를 마시며 하루를 시작했다.

유럽에 커피가 전해지면서 유럽 사람은 커피의 매력에 빠져들었다. 특히 지식인과 예술가 사이에서 커피는 큰 인기를 얻었다. 커피를 기호식품으로 즐기다 보니 자연스럽게 맥주와 포도주 소비량은 줄어들었다. 매출 감소가 이어지자 기존 시장 내 체제 기득권자의 불만은 높아졌다. 이들은 가톨릭교회 지도자에게 불만을 토로하면서 압력을 행사했다. 커피를 가리켜 '지옥을 연상시키는 악마의 음료'라고 지칭한 것이나 '신이 이교도에게 포도주를 금한 대신 준 것이 커피이니 커피를 마시면 사탄에게 영혼을 빼앗긴다'는 따위의 유언비어가 나온 것은 그 때문이었다.

급기야 추기경을 비롯해 가톨릭 성직자는 교황 클레멘스 8세에게 사탄의 음료인 커피를 금지할 것을 청원했다. 하지만 판단을 내리기 전 교황은 커피를 시음한다. 그러고는 그 맛에 반하고 만다. 커피를 맛본 교황은 "왜 이 악마의 음료는 이교도만 마시라고 하기에는 안타까울 정도로 맛있을까? 우리가 그것에 세례를 주어 진정한 기독교도의 음료로 만들어 악마를 놀려주자"[54]라고 제안했다. 교황의 지지를 얻은 커피는 이후 유럽 전역으로 급격히 퍼져 나갔다.

다양한 커피 중에서도 이탈리아 사람에게 특히 더 많은 사랑을 받는, 이탈리아를 대표하는 커피는 에스프레소와 카푸치노다. 에스프레소에 우유 거품을 섞은 카푸치노는 이탈리아 사람의 전형적인 아침식사다. 아침 일찍 문을 여는 카페에 가면 서서 카푸치노와 크루아상으로 간단하게 요기를 하는 사람을 흔하게 접할 수 있다.

엘레나 코스튜코비치의 《왜 이탈리아 사람들은 음식 이야기를 좋아할까?》를 보면 다음과 같은 대목이 나온다.

이곳(로마)에는 이탈리아의 다른 어떤 도시나 마을보다 바가 많다. 그리고 최고의 커피와 카푸치노를 판다. 로마인들은 아침마다 마치 어떤 의식을 치르듯 카푸치노를 마신다. 그 외에는 어떤 시간에도 카푸치노를 마시지 않는다. 로마의 바리스타들이 스스로 결정한 이후부터, 즉 다른 시간대에 카푸치노를 주문하는 사람들을 거부하기 시작하면서 카푸치노는 단지 아침에만 마실 수 있다.[55]

카푸치노라는 이름의 유래에 대해서는 여러 가지 설이 있는데, 뭐가 됐든 로마 가톨릭교회와 밀접한 연관이 있다. 카푸치노라는 이름은 '카푸친'에서 나왔다. 카푸친회(카푸친 작은 형제회)는 16세기 이탈리아에서 설립된 가톨릭 수도회의 이름이다.

가톨릭 월간지 《가톨릭 비타꼰》에 따르면 16세기 후반 동유럽 지역에서는 개신교의 성장세가 두드러졌다. 그 때문에 가톨릭교회에서는 자체적인 쇄신 작업을 위해 카푸친회 수도자를 동유럽 지역으로 파견했고, 그중 일부가 오스트리아 빈에 자리를 잡았다. 빈의 카푸치너Kapuziner 성당은 그 당시 지어진 것이다. 17세기 오스만튀르크 세력은 오스트리아 빈을 중심으로 한 동유럽 지역을 공격했다. 그때 기독교 세력을 결집해 오스만튀르크의 공격을 막아냈던 주역

카푸치노

에스프레소에 우유 거품을 섞은 카푸치노는 이탈리아
사람이 전형적인 아침식사다. 카푸치노라는 이름은
16세기 이탈리아에서 설립된 가톨릭 수도회 이름인
'카푸친'에서 유래했다.

이 카푸친회 수사 마르코 다비아노Marco d'Aviano였다. 자연히 다비아노 수사는 빈에서 국민적으로 추앙받는 성자가 됐다.[56]

다비아노 수사는 오스만튀르크가 서둘러 퇴각하면서 남겨둔 커피를 발견했는데, 그 맛이 너무 써서 우유와 꿀을 타서 마셨다. 사람들은 다비아노 수사를 기리는 의미에서 이 커피를 그가 속한 카푸친회의 이름을 따 카푸치노라고 했다 한다. 게다가 카푸친회의 수도복이 갈색이라 커피를 연상케 한 것도 다른 하나의 이유가 됐다.

카푸친회 수도사의 수도복에 달린 모자와 연관시키는 이야기도 있다. 수도복에 달린 모자를 '카푸초cappuccio'라고 하는데, 커피의 거품이 이 모자를 닮아서 카푸치노로 불리게 됐다는 것이다.[57]

다른 설도 있다. 카푸친회가 있던 오스트리아 빈에는 카푸치너라는 이름의 커피 음료가 있었다. 이 음료 역시 빈을 기반으로 하던 카푸친회와 연관되는 것으로 추측된다. 카푸치너는 커피에 휘핑크림과 설탕을 넣은 음료였다. 이탈리아에서 카푸치노라는 커피 음료가 등장했다는 기록이 나타나는 것은 1930년대였다. 그때만 해도 우유 거품이 아닌 휘핑크림과 계피 혹은 초콜릿 부스러기를 얹은 빈 스타일이었다. 그러다 제2차 세계대전 후 에스프레소 기계가 대중화하면서 현대적인 카푸치노가 확산되기 시작했다.[58]

포도주 대신
웰치스 주스!

스티븐 킹의 《리바이벌》은 묵직하고 스산한 공포감을 주는 소설이다. 손에 잡으면 한 번에 내처 읽게 될 만큼 흡인력이 있다. '기타리스트가 된 소년과 신을 등진 목사의 평생에 걸친 기이한 인연과 거기서 비롯된 초자연적 공포를 다룬' 작품으로, 극중 화자인 소년의 이름은 제이미 모턴이다. 유년 시절 그가 다녔던 교회의 목사였던 찰스 제이콥스는 동네 사람에게 높은 신망을 얻는 인물이었다. 하지만 비극적 사건으로 그는 마을을 떠나고, 수십 년 후 모턴은 제이콥스를 다시 만나게 된다. 과거와 판이하게 달라진 제이콥스의 소식을 접한 모턴이 그를 회상하며 이야기하는 여러 부분이 등장하는데, 그중 다음과 같은 대목이 있다.

　그 당시에는 정통 감리교도였어요. 성찬식 때 포도주 대신 웰치스 포도

주스를 주는. 모든 신도들이 그를 좋아했어요.[59]

읽고 난 뒤 오싹하고 으스스함이 가시지 않던 이 작품에서 뜬금
없이 기억에 남는 대목이 바로 이 부분이다. 전체 이야기를 따라가
던 중 이 부분을 보면서 '군이 포도주 대신 포도즙을 고집하는 것은
국내의 보수적 개신교계에 국한되는 것이 아니구나' 하는 생각을
언뜻 했던 기억이 나서다.

대형 마트에서 흔히 볼 수 있는 포도 주스의 대명사격인 웰치
스 포도 주스의 탄생은 실제로 술과 밀접한 관련이 있다. 19세기
미국의 감리교 목사이자 치과의사였던 토머스 브램웰 웰치Thomas
Bramwell Welch는 신앙심이 투철했고 술을 혐오했다. 성경의 '술 취하
지 마라'라는 말 때문이었다. 그가 속했던 감리교단 역시 '알코올 섭
취는 죄'라며 술을 금기시하는 분위기가 강했다.

20세기 초반 미국에서는 금주법이 시행됐는데, 금주운동은 17
세기부터 시작됐다. 특히 19세기부터는 종교단체가 중심이 되어 금
주운동, 술과의 전쟁에 나섰는데, 이 운동의 중심이 된 것이 감리교
다.[60] 금주에 신앙적 양심을 지키던 그는 중대한 난관에 봉착했다.
바로 성찬식의 포도주였다. 일상에서 술을 마시지 않는 것은 얼마
든지 가능했지만, 기독교의 오랜 전통인 성찬식에서 사용하는 포도
주는 어떻게 해야 할지 고민스러웠다. 더구나 종종 이 포도주 때문
에 취하는 성직자나 신도를 보게 되는데, 그는 이것을 용납할 수 없

었다.

그의 고민과 갈등은 알코올이 없는 포도즙 개발로 이어졌다. 당시만 해도 포도를 가공해 오래 보관할 수 있는 방법은 건포도를 만들거나 포도주를 빚는 것 외에는 없었다. 포도즙이 발효돼 포도주가 되는 것이므로 그는 포도즙이 발효되지 않게 하는 방법을 찾는 데 몰두했다. 파스퇴르가 개발한 저온살균법으로 실험을 거듭하던 그는 포도즙에 일정한 열을 가하면 효모가 파괴되어 발효를 막으면서 오래 보관할 수 있다는 것을 알게 됐다.

그가 살았던 뉴저지주 바인랜드Vineland는 포도농장이 많은 곳이어서 다행히 실험용 포도를 쉽게 조달할 수 있었다. 심지어 그는 치과의사로 환자를 진료하면서 현금 대신 포도로 치료비를 받아 실험 재료로 사용하기도 했다.[61]

1869년 발효되지 않은 포도주, 즉 포도즙을 개발한 그는 자신의 교회에서 포도즙을 성찬식에 사용하기 시작했다. 그는 다른 교회에서도 포도즙을 사용할 것이라고 기대했지만, 오랜 전통이 하루아침에 바뀌기는 쉬운 일이 아니었다.

그의 노력이 빛을 발하게 된 것은 아들 찰스 웰치Charles Welch 덕분이다. 찰스는 아버지가 만든 포도즙에 '웰치스 포도 주스'라는 이름을 붙여 상품으로 출시했고, 이를 1893년 만국박람회에 선보였다. 이후 대중에게 무알코올 포도 주스라는 새로운 개념의 음료가 퍼져 나가기 시작했다. 특히 20세기 초반 미국에서 금주법이 시행되면서 판매고는 급성장했다. 그 후 많은 교회가 성찬식에 포도주 대신 포도즙을 채택해 현재에 이르고 있다. 1956년 미국포도협동조합이 인수한 웰치스는 지금도 포도 주스와 다양한 탄산음료, 스낵을 생산한다.

그렇다면 술에 대한 터부가 강한 우리나라 개신교에서는 성찬식에 어떤 '음료'를 사용할까? 2018년 7월 11일 자《국민일보》에 따르면, 대한예수교장로회 통합 교단의 헌법은 포도주 대신 포도즙을 성만찬의 음료로 규정한다. 사실 포도즙이 발효된 것이 포도주이므로 포도즙이 더 광범위한 개념이긴 하다. 그렇지만 개신교계에서 포도즙은 대체로 발효되지 않은 포도 음료로 받아들여지고 있다.

가톨릭에서는 포도주를 미사에 사용한다. 흥미롭게도 미사에 주로 사용하는 포도주는 백포도주다. 성만찬의 포도주가 예수의 피를 상징하는 만큼 적포도주가 어울리지 않을까 싶기도 하다. 가톨릭 전례 규정에는 색깔이 명시되어 있지 않으므로 백포도주나 적포도주 어느 것이나 사용할 수 있다. 그런데 주로 백포도주를 선호하는 이유는 미사를 집전할 때 튀거나 흘리면 수단이나 제대에 얼룩이 지기 쉽고 관리도 어렵기 때문이다.

개신교에서 사용하는 포도즙은 개별 교회에서 마련하지만, 가톨릭 미사에 쓰이는 포도주는 특별한 곳에서 별도로 준비한다. 경상북도 경산에 있는 롯데주류 공장이다. 이곳에서는 한국 천주교 주교회의 전례위원회의 엄격한 규정에 맞춰 '마주앙 미사주'를 생산한다.

로마 교황청의 승인을 얻어 1977년부터 생산을 시작했다. 공정과 관리법이 자리 잡히지 않았던 초창기에는 경상북도 왜관에 있는 성 베네딕도회 왜관 수도원 수사가 꾸준히 품질 관리를 했다. 미사용 포도주에 사용되는 포도는 전부 국내산 포도다. 백포도주는 경상북도 의성에서 재배하는 세이벨 품종이, 적포도주는 경상북도 영천에서 생산되는 MBA 품종이 쓰인다. 매년 포도를 수확한 뒤에는 공장 강당에서 포도 축복식이 열린다. 여기에는 성직자와 신도, 공장 관계자, 생산 농가 등이 참석한다.

2017년 3월 부활절을 앞두고 이 공장을 방문한 적이 있다. 1년 내내 돌아가는 공장에서 미사용 포도주를 생산하는 날은 부활절 전 이틀, 성탄절 전 이틀로 1년간 단 4일간이다. 미사주의 도수는 일반 포도주와 비슷한 12도다. 일반적인 주류는 재활용 병을 세척해 사용하기도 하지만, 미사주는 모두 새로 만든 병에 담는다.

국수, 스님을 웃게 하는 특별식

그녀들의 브런치, 에그 베네딕트

눈물로 빚은 음식, 두부

텐푸라, 케이스 튀김옷이 아스라한 순수한 맛의 제주

다마네와 네주아지, 그리고 타카시 이프타르 정찬

모든 종교는 무화과도 통한다?

'베드로의 물고기'를 맛으러 갑니다

부활절 식탁 – 달걀, 잇고기, 빵과 케이크…

사육제 소시지와 사순절 청어의 싸움, 프레첼 빵

사찰음식의 끝판왕, 수묵체 상차림

성경에는 아몬드, 올리브, 안료에가 없다?

세계 각국의 크리스마스 빵

아랍의 별죽과 렌틸콩

우유를 먹다, 시래기밭은 식물에 대한 에의

인도에도 쇠고기가 있다!

치즈버거 NO! 유대교 교리로 음식을 소개합니다

하늘엔 영광

———————————

식탁엔 축복

가톨릭과 정교회의
'최후의 만찬' 빵
논쟁

국내에서 가톨릭이나 개신교는 익숙하지만 정교회는 낯선 편이다. 러시아와 동유럽을 중심으로 퍼져 나간 정교회의 뿌리는 가톨릭, 개신교와 같다. 예수가 승천하고 초대 교회를 거쳐 로마제국의 국교가 된 기독교는 1000년 동안 하나의 종교로 이어져 내려왔다. 그러나 11세기 초 서로마 교회와 동로마 교회가 서로 파문장을 던지며 가톨릭과 정교회로 완전히 분리됐고, 16세기 종교개혁을 거치면서 서로마 교회는 가톨릭과 개신교로 다시 분리됐다.

같은 뿌리에서 갈라져 나온 세 종교는 전례 방식도, 축일이나 기념하는 날도 서로 다르다. 대표적으로 부활절이 있다. 부활절은 매년 날짜가 바뀐다. 날짜를 계산하는 방법은 춘분 이후 최초의 만월 다음에 오는 첫 번째 일요일이다. 대체로 4월 초중순이다. 이 방식은 325년 로마 황제 콘스탄티누스가 기독교 신앙 성문화를 위해 소집

한 니케아 공의회에서 결정됐다.

가톨릭과 개신교는 그레고리력으로 계산해 부활절 날짜를 정하는 반면, 정교회는 율리우스력으로 정한다. 이 때문에 양측의 부활절 날짜가 달라진다. 그레고리력은 16세기에 교황 그레고리우스가 선포한 것이며, 율리우스력은 1세기에 만들어졌다. 동서 교회가 분열된 뒤 정교회는 로마 교회의 결정을 따르지 않고 기존의 율리우스력을 고수했다. 2017년에는 모처럼 양측의 부활절이 4월 16일로 같았다.

국내에는 정교회 성당이 많지 않다. 그 때문에 신자가 아니라면 정교회의 전례를 경험해볼 기회는 몹시 드물다.

2018년 나는 부활절을 한 주 앞두고 정교회의 예배에 참석했다. 서울 아현동에 한국 정교회 성 니콜라스 대성당이 있다. 지하철 5호선 애오개역에서 가까운 이 성당은 외관이며 내부가 퍽 이국적이다. 국내에 있는 일반적인 교회나 성당의 모습이 아닌, 유럽을 여행할 때 볼 수 있는 모습과 비슷하다. 성당에 들어서는 신자들은 정면을 향해 성호를 긋고 난 뒤 성당 뒤 왼쪽에 있는 이콘icon에 입을 맞춘 다음 들어간다. 성당 곳곳에 성인을 그려놓은 이콘이 많이 걸려 있다.

성당 내부에서는 향냄새가 났고 곳곳에 신자들이 켜놓은 촛불도 밝혀져 있었다. 예전에 봤던 가톨릭의 전례와도 차이가 많은 것 같았다. 성당 위쪽에서 노래하는 성가대의 합창은 그레고리안 성가처럼 무반주에 단선율이었다. 신자는 소수의 한국인을 제외하고는 대부분 외국인이었다. 나중에 물어보니 주로 동유럽이나 중앙아시아 사람이었다. 전례에 사용되는 언어는 러시아어와 그리스어 그리고 한국어였는데, 중간에 영어와 일본어도 섞여 있었다. 한국어로 진행되는 부분이 간간이 있었으나 용어 자체가 낯설고 어려워 무엇을 의미하는지 이해할 수 없었다. 결국 나는 예배 시간 내내 거의 멍한 상태로 있을 수밖에 없었다. 사람들이 일어나면 따라서 일어나고 눈치를 보다 대충 앉는 식이었는데, 예배의 상당 시간을 서 있어야 했다. 예배가 끝난 뒤에는 암브로시오스 조성암 한국 정교회 대주교가 신자들에게 일일이 부활절 달걀을 나눠주며 축복의 메시지를 전했다. 나 역시 강렬한 빨간색이 칠해진 달걀을 직접 받았다.

성당 바깥에는 부활절을 축하하기 위해 신자들이 직접 집에서 가져온 케이크와 빵, 과자, 음료, 달걀 등이 잔뜩 놓여 있었다. 예배가 끝난 뒤 '사랑의 만과'라는 이름으로 다 같이 식사를 하며 가져온 음식을 나눠 먹었다.

가톨릭과 정교회, 그러니까 서로마 교회와 동로마 교회는 서로 분리되기 전에도 오랫동안 주도권을 놓고 갈등을 겪어왔다. 원래 초대 교회는 로마, 콘스탄티노폴리스(이스탄불), 알렉산드리아, 안티오크(안타키아), 예루살렘의 다섯 지역으로 나뉘어 서로 독립적이면서 동등한 관계로 신앙생활을 이어왔다. 그러나 로마 교회는 베드로의 후계자로 장자임을 강조하면서 전체 기독교에 대한 통제권을 가진다고 강조했다. 그러자 콘스탄티노폴리스 교회 등 다른 지역 교회가 반발했다. 장자의 의미가 권력이나 높고 낮음에서 첫째라는 의미가 아니며 동등한 위치라고 주장했다.

양측은 주도권뿐 아니라 교리 해석, 언어와 문화 및 관습에 따른 가치관에서도 차이를 보였고, 점차 갈등의 골이 깊어졌다. 사제의 결혼 여부는 물론이고 성찬 예식에 사용하는 빵 만드는 법을 두고도 의견이 달랐다. 에드워드 기번Edward Gibbon은《로마 제국 쇠망사》에서 "성찬식의 본질은 누룩을 넣은 빵을 쓰느냐, 넣지 않은 빵을 쓰느냐에 따라 동방과 서방에서 다르게 생각됐다"라면서 "11세기에 이 문제는 격렬한 토론의 대상이 됐다"라고 했다. 즉 빵의 발효 여부를 놓고도 두 교회의 생각이 서로 달랐다는 것이다.

윌 듀랜트Will Durant의《문명 이야기》에도 이 같은 이야기가 나온다. 11세기 초반 정교회의 한 수도사는 "성체성사에 발효하지 않은 빵을 사용하고 성직자의 독신주의를 강화했다"라면서 로마 교회를 비판하는 내용의 작품을 발표했다. 당시 정교회의 콘스탄티노폴리스 총대주교이던 미카일 케룰라리우스는 이를 널리 유포했다. 그러자 로마 교황 레오 9세는 케룰라리우스에게 서한을 보내 "교황의 권한을 인정하지 않는 교회는 이단의 집합이자 사탄의 회당"이라고 낙인을 찍었다.

'빵에 누룩을 넣느냐, 마느냐' 하는 문제는 지금도 두 교회 사이의 큰 차이점이다. 가톨릭에서는 누룩을 넣지 않은 빵을, 정교회에서는

한국 정교회의 부활절 모습
부활절을 맞아 서울 아현동 한국 정교회
성당을 찾은 사람들과 부활절 음식들.

한국 정교회가 주최하는 동유럽 음식 축제 ▶
1년에 두 번, 봄가을에 열리는 동유럽 음식 축제는
각자 고국의 전통 음식을 준비해 와서 이웃 주민과 함께
나누는 행사로, 몇 년째 이어오면서 지역사회의
유명 행사로 자리를 잡았다.

누룩을 넣은 빵을 사용한다. 그렇다면 왜 두 교회는 이 부분에서 첨예하게 맞서는 것일까? 정교회가 누룩이 든 빵을 사용하는 것은 최후의 만찬 식탁에 오른 빵에 누룩이 들어 있었기 때문이다. 한국 정교회 박인곤 보제*는 "성서에 기록된 원어를 살펴보면 그리스어로 '아르토스'라고 되어 있는데, 이는 누룩이 들어 있는 빵을 의미한다"라고 설명한다. 초대 교회 시기에도 누룩이 들어 있는 빵을 성찬 예식에 사용했기 때문에 지금도 예식과 법도를 원형 그대로 준수한다는 것이다. 현재 정교회 예식에 사용되는 빵은 신자들이 직접 구워와서 봉헌한다.

가톨릭에서 누룩이 들어 있지 않은 빵을 사용하는 이유는 최후의 만찬이 유월절 만찬이었다는 해석에 따른 것이다. 유월절은 유대교의 대표적 절기로, 재앙에서 구원받았다는 의미를 가진다. 이 시기에는 누룩을 넣지 않은 빵을 먹는 것이 관습이었다. 현재 가톨릭 전례에 사용되는 제병은 가르멜 수도회에서 만들어 공급하는 것이다.

국내에서 정교회 성당을 방문하는 것은 낯설고 어색할 수 있다. 그런데 자연스럽게 정교회 성당을 찾아 맛있는 음식을 먹고 독특한 문화를 살펴볼 기회가 있으니 1년에 두 번, 봄가을에 열리는 동유럽 음식 축제다. 정교회 신자가 각자 고국의 전통 음식을 준비해 와서 다른 신자 그리고 이웃 주민과 함께 나누는 행사다. 벌써 몇 년째 이

* 정교회의 성직 품계 가운데 하나로, 가톨릭의 부제와 비슷하다.

어오면서 지역사회의 유명 행사로 자리를 잡았다.

2018년 부활절 예배를 이곳에서 드린 뒤 몇 주 만에 다시 찾게 된 것도 이 행사 때문이었다. 성당 근처에 사는 후배 덕분에 이 귀한 기회를 놓치지 않을 수 있었다. 성당으로 향하는 언덕길 초입부터 맛있는 냄새가 풍겨왔다. 음식 냄새의 진원지는 성당 마당이었다. 러시아, 우크라이나, 벨라루스, 불가리아, 우즈베키스탄, 루마니아, 세르비아, 그리스 음식이 곳곳에 차려져 있었다. 불가리아 출신의 스타 요리사 미카엘도 이 행사장에서 불가리아식 소시지를 구워주고 있었다. 그는 틈틈이 함께 사진 찍기를 요청하는 사람들에게 포즈를 취해주느라 특히 바빴다.

이날 만난 음식은 평소 시중에서 접하기 힘든 다양한 동유럽 요리다. 러시아식 고기 양배추말이인 골룹치golubtsy, 양배추와 버섯이 든 러시아식 만두 바레니키vareniki, 볶음밥의 일종인 필래프pilaf, 고기 파이의 일종인 삼사samsa, 전통 음료 크바스kvass 등이다.

이 중 특히 관심을 끈 것은 크바스였다. 크바스는 톨스토이나 도스토옙스키, 체호프 등 러시아 작가의 소설에 자주 등장하는 음료인데, 국내에서 좀처럼 만나볼 기회가 드물었기 때문이다. 그렇다고 책에 묘사된 이 크바스가 화려하다거나 엄청나게 식욕을 자극하는 음료인 건 아니다. 주로 농부나 가난한 서민이 즐겨 마시는, 이들의 생활과 밀접한 일종의 대중 음료다. 책에 따라 보리를 발효시킨 무알코올 음료라는 이야기도 있고, 호밀로 만든 맥주와 비슷한 술이라는 설명도 있는데, 아무튼 마셔보고 판단하기로 했다.

두근거리는 마음으로 한 컵에 2000원인 크바스를 받아들고 조심스럽게 한 모금을 음미했다. 마치 술지게미가 헤엄을 치고 지나간 듯 약한 알코올 느낌 그리고 낯선 향취의 밍밍한 맛이 뒤섞이며 혀끝을 스쳐갔다. 강렬한 인상 없이 그저 그렇게 사라져갔다. 기대가 너무 컸던 탓인지 약간 허무한 생각도 들었지만, 돌이켜보니 아마도 '우리의 만남'이 최선의 조건이 아닌 상태에서 이뤄졌기 때문일 가능성이 큰 것 같다. 수백 년의 시간을 이겨내며 특정 민족의 동반자로 자리매김해온 음식은 그만한 이유가 있게 마련일 텐데, 그에 대한 이해보다는 '힙한 신상'을 대하는 듯한 호기심이 앞섰으니 말이다. 언젠가 크바스와 제대로 된 만남의 시간을 가질 수 있기를 기약해본다.

국수,
스님을 웃게 하는
특별식

종교 담당 기자를 할 때 개인적으로 맞닥뜨렸던 어려움은 용어 이해였다. 개신교와 가톨릭은 비교적 익숙했지만 불교 용어는 거의 아는 게 없었다. 하지만 모른다는 것이 면죄부는 될 수 없는 법이다. 안거를 앞둔 한 스님께 이런저런 설명을 듣기 위해 찾아갔다. 최대한 쉽게 설명해주신다고 하셨지만, 스님의 입에서 나오는 단어는 '용맹정진', '화두', '참구', '사부대중', '총림', '수좌' 등등 내게는 난수표 같은 말뿐이었다. 당혹스럽다 못해 멍해진 내 표정을 보셨는지 스님은 어린아이한테 말을 가르치듯 찬찬히 설명을 해주셨다.

이후로도 가끔 스님께 전화를 걸어 "이런 문장이 말이 되는 표현인가요?"라고 질문하며 도움을 청했고, 그때마다 스님은 정성껏 알려주셨다. 감사의 뜻으로 식사를 대접하고 싶었다. 고기는 드시지 않을 테니 기껏 내 수준에서 생각한 것이 산채정식 정도였다. 몇몇

곳을 검색해 후보로 점찍어두고 스님의 뜻을 물었다. 그러자 스님은 대뜸 "국수 먹자"라고 하셨다. 너무 변변찮은 것 같아서 잠숫고 싶은 것을 다시 물었더니 스님은 한참을 웃으셨다.

"중들이 최고로 생각하는 별미가 뭔 줄 아세요? 바로 국수예요." 스님은 말을 이었다. "예전에 안거 기간이 끝나고 만난 한 신도가 그러더라고요. 고생하셨는데 식사라도 대접하고 싶다고. 그래서 따라갔더니 산채정식을 하는 곳이에요. 사실 우린 매일 먹고 사는 게 산채잖아요. 얼마나 지겹겠어요. 내심 먹고 싶은 게 있었는데 조금 아쉬웠죠."

불가에는 '승소僧笑'라는 말이 있다. 스님을 미소 짓게 한다는 것이다. 생각만 해도 슬며시 미소가 나오는 음식이라니, 얼마나 맛있는 것이기에. 바로 국수다. 탐식을 죄악시하는 승가에서도 국수는 과식하는 것을 마다하지 않는다고 한다.

법정 스님이 생전에 가장 좋아한 음식도 국수였다. 스님과 오랫동안 교류했던 이들이 스님을 추억하며 떠올리는 것이 법정 스님표 간장국수다. 스님의 생전을 추억하는 많은 에피소드에서 늘 빠지지 않고 등장하는 것이 국수다.

효봉 스님이 다가와 시자 법정을 불렀다.

"니 칼국수 좋아한다고 했제?"

"스님, 지금 칼국수 공양 지어 올리겠습니다."

시자 법정은 용수철처럼 바로 일어나 말했다.

"아니다. 내가 만들었다."

"큰스님께서 만들었단 말씀입니까?"

"칼국수 나도 많이 만들어봤다. 자, 가서 먹자꾸나."

시자 법정은 부엌으로 갔다. 솥뚜껑을 열자, 과연 효봉 스님이 요리한 칼국수가 있었다. 간장만 넣고 간을 맞춘 담백한 칼국수였다. 시자 법정은 서둘러 상을 봤다. 장 봐온 쑥갓과 상추도 고추장과 함께 올렸다.

"이상하제. 스님들은 다 국수를 좋아한단 말이야. 누군가가 잘 지었어. 국수를 승소라고 했거든. 스님들을 웃게 한다는 것이지."[1]

소설가 정찬주가 쓴 《무소유》의 한 대목이다. 법정 스님의 일대기를 소설 형식으로 쓴 것으로, 법정 스님이 시자 시절 스승인 효봉 스님과 국수를 두고 나눈 이야기를 묘사한 것이다.

효봉 스님의 말처럼 스님들이 이렇게 국수를 좋아하는 이유는 뭘까? 예로부터 사찰에서는 밥이나 산채 외에 식도락을 자극하는 먹을거리가 없었다. 이 단조로운 식단에 변화를 줄 수 있는 것은 고작해야 국수가 유일했다. 게다가 국수는 변주 방법도 다양했다. 칼국수로도, 소면으로도 만들었고, 계절에 따라 콩국수, 비빔국수, 간장국수, 열무국수 등으로 변화를 줄 수도 있었다. 절에 귀한 손님이 찾아오거나 스님에게 특별히 기분 좋은 일이 있을 때, 혹은 제자가 생일을 맞을 때 국수를 내오게 했다는 일화도 많다.

시자도 없이 홀로 전국의 토굴에서 수행에 전념해온 조계종 원로의원 동춘 스님은 한 인터뷰에서 가장 행복할 때가 언제인지 묻자, "토굴에서 국수 삶아 먹을 때"라고 답했다. 김칫국물에 국수를 말아 먹는 즐거움은 평생 무소유의 삶을 실천해온 노승의 마음도 설레게 하는 진미 중의 진미였던 셈이다.[2]

스님의 특별식이라고 꼽을 수 있는 것은 또 있다. 바로 삭발하는 날의 별식이다. 산사에 주석하는 스님은 삭발하는 날이 정해져 있다. 매달 보름과 그믐, 한 달에 두 차례 삭발을 한다. 스님이 삭발을 하는 날 반드시 밥상에 오르는 음식이 있는데, 바로 '찰밥'이다.

일반적으로 '머리를 깎는다'는 것은 출가한다는 것과 같은 의미로 받아들여진다. 그만큼 삭발은 스님이라는 존재의 정체성이자 본질적인 특성이다. 불교는 전파된 지역의 문화와 상황에 따라 형식적인 부분이 바뀌면서 뿌리를 내렸는데, 초기부터 지금까지 바뀌지 않은 전통은 삭발이다.

삭발을 할 때 찰밥을 먹는 이유는 기를 내리고 영양을 보충하기 위해서다. 한국불교문화사업단 최소영 행정관은 "머리를 깎으면 기가 위로 모인다고 해서 기를 내리는 찰밥을 주로 먹었다"라면서 "이와 함께 영양을 보충하기 위해 두부전과 미역국, 김 등을 함께 먹는다"라고 설명했다. 찰밥과 함께 두부는 빠지지 않는 반찬으로 꼽힌다. 해인사의 두부 반찬은 '두부갈비'라고도 불린다.

이 같은 음식이 예전부터 내려오던 승가의 별미였다면, 먹을거리

국수

불가에는 승소(僧笑)라는 말이 있다.
스님을 미소 짓게 한다는 것이다. 생각만
해도 슬며시 미소가 나오는 음식이라니,
얼마나 맛있는 것인가에, 바로 국수다.

가 다양해지고 풍성해진 요즘 같은 때 스님에게 별미는 뭘까? 1년 남짓 종교 담당 기자를 하며 스님을 만나 함께 먹었던 음식으로는 카레, 짜장면, 파스타, 김치만두, 떡볶이, 냉면, 막국수, 샌드위치 등이 있었다. 예전에 한 비구니 스님은 만남 장소에 샌드위치를 준비해오셨다. 예쁘고 정갈하게 포장된 바질 페스토 샌드위치였다. 구운 가지와 치즈, 달걀, 토마토에 바질 페스토를 듬뿍 넣은 것이 지금 생각해도 입맛을 다시게 될 정도로 맛있었다.

허겁지겁 샌드위치를 먹으면서 어디서 파는 것인지 물었지만, 스님은 "소문나면 안 된다"라며 알려주지 않으셨다. 근사한 포장 때문에 당연히 어딘가에서 파는 샌드위치라고 생각했는데, 가만 생각해보니 당신이 직접 만들어 오신 것 같다. 이 글을 쓰다 보니 그 샌드위치가 또 생각난다. 아무래도 한번은 스님표 샌드위치 만드는 법을 배우러 찾아가야겠다.

그녀들의 브런치,
에그 베네딕트

한 시절을 풍미했던 미국 드라마 〈섹스 앤드 더 시티〉의 영향으로 국내에서 유행했던 것 중 첫손에 꼽을 만한 것은 '브런치'가 아닐까 싶다. 그중에서도 특히 인기 있는 메뉴로 떠올리게 되는 것은 에그 베네딕트eggs benedict다. 드라마 속 그녀들이 모여 앉아 에그 베네딕트를 주문해놓고 수다를 떨던 뉴욕의 브런치 전문 음식점 세라베스 Sarabeth's는 도쿄, 타이베이뿐 아니라 서울에까지 진출했다. 뉴욕의 세라베스를 방문해 인증 사진과 후기를 남긴 '간증 블로그'는 인터넷에 수를 헤아릴 수 없을 정도로 넘쳐났다. 국내에 속속 생겨난 브런치 카페도 대부분 에그 베네딕트 메뉴를 선보였다. 화려해 보여서 직접 만들어 먹기는 힘든 요리 같지만, 몇 년 전 요리 연구가 백종원 씨가 자취생도 할 수 있는 쉬운 레시피를 공개해 화제가 되기도 했다.

달걀은 간편하고 유용하고 손쉽게 활용할 수 있는, 게다가 맛도 좋은 식재료다. 그런데 일상에서 달걀을 주재료로 하여 만드는 요리는 달걀프라이를 비롯해 달걀찜, 달걀말이, 계란탕, 오믈렛 등 대체로 거기서 거기다. 뜨거운 밥 위에 달걀노른자를 얹고 간장을 넣어 비벼 먹기도 하고, 굽거나 찐 달걀은 훌륭한 간식이 되기도 한다. 맛 좋고 고마운 달걀의 '활동 반경'은 이렇듯 친숙하고 정겨운 반찬에 머문다.

그런데 에그 베네딕트는 달걀이 주재료가 된 근사한 요리다. 고도의 기술로 흰자만 살짝 익혀내는 수란을 만들어 빵과 베이컨, 채소 위에 올려낸 이 요리는 달걀노른자가 터지면서 모든 재료를 감싸주는 그 절정의 순간 눈과 입을 황홀하게 만족시킨다. 브런치 문화가 발달한 서구에서는 에그 베네딕트를 일컬어 '브런치의 꽃', '브런치의 여왕'이라고도 한다는데, 언제부터 이런 표현을 썼는지는 알수 없다. 아무튼 에그 베네딕트는 전문 음식점에서도 일품 요리로 내놓는다. 시중의 브런치 카페에서도 값이 1만 원을 훌쩍 넘는다.

요리 사전에 따르면 에그 베네딕트는 잉글리시 머핀을 구워 반으로 자른 뒤 그 위에 햄과 베이컨, 수란을 얹고 홀랜데이즈 소스를 뿌려 먹는 일종의 샌드위치다. 홀랜데이즈 소스는 달걀노른자에 액체 상태로 녹인 버터를 천천히 부어가며 잘 섞은 다음 레몬즙과 카옌페퍼(매운맛이 강한 고추)를 넣어 산뜻하고 깊은 맛을 더한 소스다. 홀랜데이즈 소스는 프랑스 요리에 많이 쓰인다. 이름의 유래에 대해서는 여러 설이 있는데, 어떤 식으로든 네덜란드와 연관이 있다. 프랑스에 공물을 바치던 네덜란드에서 유래했다는 설, 프랑스를 방문했던 네덜란드 왕을 위해 개발했다는 설, 제1차 세계대전 당시 프랑스에서 버터 생산이 중단되자 네덜란드에서 버터를 수입해 만들었기 때문이라는 설 등이 있다.

에그 베네딕트의 유래도 여러 가지다. 그중 가장 오래된 것은 18세기의 교황 베네딕토 13세로부터 비롯됐다는 설이다. 베네딕토 13세는 구운 빵에 수란을 얹고 레몬즙이 가미된 소스를 뿌린, 현재 에그 베네딕트의 원형이라 할 만한 형태로 아침을 먹었다. 그가 이 음식을 즐겼던 것은 만성 소화불량에 시달렸기 때문이라는 이야기가 있는데, 현재의 모양과 비교하면 베네딕토 13세가 즐겨 먹었던 형태는 상당히 밋밋하고 단조로웠을 것으로 보인다.

실제로 베네딕토 13세는 대주교 시절에도 평범한 수사처럼 살았을 만큼 검약함이 몸에 밴 인물이었다. 교황청의 화려한 집무실을 사양하고 수도자가 거주하는 곳에 살면서 수도자로서의 생활 방식을 지켰다. 또 성직자의 기강을 다잡기 위해 추기경의 가발 착용을 금지하기도 했다. 이처럼 삶에서 검약과 소박함을 실천했던 인물인 만큼 화려한 요리와는 거리가 멀었을 것이라는 게 가톨릭 학자들의 견해다. 미국의 교부학자 마이클 P. 폴리도 "에그 베네딕트는 맛있지만 퇴폐적인 요리로 꼽힌다"라면서 "평생 검소함을 추구했던 교황 베네딕토 13세의 삶과 에그 베네딕트의 이미지는 첨예하게 대비

에그 베네딕트

에그 베네딕트를 '브런치의 여왕'이라고도 한다. 하지만
살짝 익힌 달걀을 빵과 베이컨, 채소 위에 올려내는 이 요리는
달걀노른자가 터지면서 모든 재료를 감싸주는 그 절정의
순간과 입을 황홀하게 만족시킨다.

122

된다는 점이 흥미롭다"라는 견해를 밝혔다.[3]

그 때문에 지금처럼 화려한 형태의 에그 베네딕트는 1800년대 후반 뉴욕에서 시작됐다는 설이 설득력을 얻는다. 1894년 주식 중개인 레뮤얼 베네딕트Lemuel Benedict가 뉴욕의 월도프 애스토리아 호텔에서 숙취를 풀기 위해 특별한 아침 메뉴를 주문했고, 이에 깊은 인상을 받은 호텔 측이 정식 메뉴로 개발해 내놨다는 것이다. 당시 베네딕트의 주문은 '버터 바른 토스트, 바싹 구운 베이컨, 수란, 홀랜데이즈 소스'였다. 호텔 측은 이후 토스트를 잉글리시 머핀으로 바꾸었다. 다른 한편 1860년대 뉴욕에 살던 르그랑 베네딕트LeGrand Benedict 부인이 자주 찾던 음식점에서 입맛을 자극할 새로운 요리를 요청하다 요리사 찰스 랜호퍼Charles Ranhofer와 함께 개발하게 됐다는 설도 있다.[4]

몇 년 전 에그 베네딕트가 언론의 가십난을 장식한 적이 있다. 이때 언급된 〈에그 베네딕트〉는 음식 이름이 아닌 작품 이름으로, 2013년 퇴임한 교황 베네딕토 16세의 초상화였다. 이 작품이 화제와 논란이 된 것은 교황의 초상화를 1만 7000개의 형형색색 콘돔으로 만들었기 때문이다.

미국 위스콘신주 밀워키에 살던 작가 니키 존슨Niki Johnson은 2013년 3월 7일 자신의 홈페이지(nikileejohnson.wordpress.com)에 이 작품을 공개했다. 그가 콘돔으로 초상화를 만든 이유는 베네딕토 16세의 발언 때문이었다. 2009년 아프리카를 순방 중이던 교황은 "콘돔 사용이 에이즈 예방에 도움이 되지 않으며 에이즈 확산을 막는 데도 해답이 될 수 없다"라고 말했다. 가톨릭교회는 그동안 콘돔과 같은 인위적 피임기구 사용에 부정적이었다. 존슨은 자신의 홈페이지 및 언론과 한 인터뷰에서 "국민의 건강에 대해 지도자, 특히 교회가 책임 있는 논의를 했으면 좋겠다"라는 제작 의도를 밝혔다.

그가 작품명을 '에그 베네딕트'라고 한 것은 가톨릭교회의 최고 지도자인 교황이 성에 대한 개방적이고 다양한 논의에 나서줄 것을 촉구하는 의미를 담은 것이다. 영어 단어 에그egg는 '인사이트incite', 즉 '선동하거나 부추긴다'는 뜻도 가지고 있다.

눈물로 빚은 음식, 두부

빈부귀천을 막론하고 누구나 쉽게 접할 수 있는, 어떤 요리에도 다양하게 활용할 수 있는 식재료 가운데 하나가 두부다. 우리나라와 중국, 일본에서 주로 먹지만, 서구에서도 트렌드세터의 건강식으로 주목받아온 지 꽤 오래다. 빌 클린턴 미국 전 대통령도 두부를 즐겨 먹으며, 할리우드 배우 귀네스 펠트로는 자신의 요리책에서 두부요리 레시피를 소개하기도 했다. 일본의 소설가 무라카미 하루키도 두부를 좋아하는 것으로 잘 알려져 있다. 그의 작품에는 스파게티나 맥주뿐 아니라 두부 역시 거의 빠지지 않고 등장한다.

국내에서 두부의 이미지는 대체로 친근하고 만만하다. 실제로 다른 식재료에 비해 값이 싸기 때문에 서민의 밥상에도 자주 오른다. 교도소에서 나올 때 두부를 먹는 관습 때문인지 몰라도 두부를 보면 왠지 애잔한 마음이 들 때도 있다. 조직폭력배가 출소하면서 두부를 먹는 장면은 드라마나 영화에 자주 등장한다. 2015년 한 재벌 회장이 출소하면서 두부를 먹는 장면이 보도됐는데, 한동안 SNS를 통해 퍼지면서 화제가 됐던 기억도 난다.

출소할 때 두부는 왜 먹게 됐을까? 이에 대해서는 여러 설이 있다. 흰색의 두부를 먹고 순수하게 살라는 의미, 감옥에서 고생했으니 영양 보충을 하라는 의미 등이다. 작가 박완서는 산문집《두부》에서 이렇게 말했다.

징역살이를 속된 말로 '콩밥 먹는다'고 하는 것을 생각하면 출옥한 이에게 두부를 먹이는 까닭을 알 것도 같다. 두부는 콩으로부터 풀려난 상태이나 다시는 콩으로 돌아갈 수 없다. 그렇다면 두부는 다시는 옥살이하지 말란 당부나 염원쯤 되지 않을까.[5]

두부는 불교와 깊은 연관이 있다. 아마도 불교가 없었다면 현재까지 전해지지 못했을 가능성이 크다. 우리나라에 전해진 것도, 지금까지 전해 내려온 것도 불교의 역할이 컸다.

우리나라에 두부가 전래된 것은 중국과 불교문화 교류가 활발했던 통일신라시대 즈음인 것으로 추정된다. 처음부터 두부가 서민층의 음식인 것은 아니었다. 불교가 국교인 고려시대에 두부는 사찰에서 부처님께 공양하는 귀한 음식이었다. 그런 이유로 사찰에서 주로 두부를 만들었다. 당시 사찰은 많은 토지를 소유했고 부가 집중돼 있었기에 음식 문화를 선도할 수 있었다. 자연히 두부 제조법도 사찰을 중심으로 발전했다.

두부가 처음 등장하는 문헌은 고려 성종 때 최승로가 쓴 〈시무 28조時務二十八條〉로 알려져 있다. 이 문헌은 '지금 해야 할 일 28가지'라는 뜻으로, 신하가 왕에게 올린 건의문이다. 이 문헌에서 최승로는 '행인에게 미음, 술, 두붓국으로 보시하는 일은 체통이 서지 않는 일이니 삼가라'고 왕에게 건의한다. 작은 일에 왕이 직접 나서기보다는 악을 징계하고 선을 권장하는 큰 그림을 그리라는 뜻이었다.

고려 말의 성리학자인 목은 이색은 두부를 먹고 그에 대한 시를 썼다. 그의 문집《목은시고牧隱詩稿》에는 두부 이야기가 여러 차례 나온다. 다음은《목은시고》33권에 나오는 글이다.

오랫동안 맛없는 채소국만 먹다 보니 菜羹無味久
두부가 마치도 금방 썰어낸 비계 같군 豆腐截肪新
성긴 이로 먹기에는 두부가 그저 그만 便見宜疏齒
늙은 몸을 참으로 보양할 수 있겠도다 眞堪養老身[6]

귀한 음식답게 두부는 당대의 귀족이나 명망 높은 학자에게도 큰 사랑을 받았다. 서거정과 권근도 두부를 예찬하는 글을 남겼으며, 미식가였던 추사 김정희도 두부를 위대한 음식으로 꼽았다. 고려에 이어 조선에서도 왕실과 양반에게 두루 사랑을 받은 셈이다.

조선시대에도 두부는 역시 사찰에서 만들었다. 하지만 분위기는 사뭇 달라졌다. 고려시대엔 불교를 숭상하면서 사찰이 번창했고 사찰을 중심으로 두부를 비롯해 귀족의 음식 문화도 발달했다. 하지만 조선시대에는 억불 정책이 펼쳐지면서 사찰 수가 크게 줄었고 사찰에 딸린 노비와 전답도 축소됐다. 그나마 불교의 명맥이 유지될 수 있었던 것은 왕이나 왕비의 무덤(능침陵寢) 근처에 왕실을 수호하고 제사를 담당하는 능침사찰을 두었기 때문이다. 특히 왕실과 양반이 즐겨 먹었던 두부는 제사상에 꼭 필요한 음식이었기에 두부 만들기는 능침사찰의 중요한 책무이기도 했다. 이 때문에 능침사찰을 '조포사造泡寺'라고도 했다. 조포는 '두부泡를 만든다'는 뜻이다. 언뜻 생각하기엔 기능적 의미에서 붙여진 이름 같지만, 불교 입장에서 보면 무척이나 모욕적이고 비하하는 이름이었다. 어쨌거나 불교가 억압받는 상황에서 능침사찰을 통해 불교와 함께 두부의 명맥도 이어올 수 있었던 셈이다.

조포사로 이름난 곳은 세조의 능인 광릉을 수호하던 봉선사, 사도세자와 정조 등을 모신 융건릉을 수호하던 화성 용주사 등이 대표적이다. 사찰에서 두부를 만들다 보니 자연히 스님은 두부를 제조하는 장인이었다. 콩을 구해 두부를 만드는 과정은 보통 번거로운 일이 아니었다. 오죽하면 '전생에 지은 죄가 커서 금생에 두부를 만든다'는 이야기가 나왔을까.[7] 화림전통음식연구원장인 자영 스님은 "두부는 눈물로 만든 음식이라는 뜻의 '두루豆淚'라고도 불렸다"라

두부

조선시대에 그나마 불교의 명맥이 유지될 수 있었던 것은 왕과
왕비의 두부(능침) 근처에 제사를 담당하는 능침사찰을 두었기
때문이다. 특히 왕과 왕비 양쪽에 즐겨 먹었던 두부는 제사상에 꼭
필요한 음식이었기에, 두부 만들기는 능침사찰의 중요한 소임이었다.

진관사 두부 재현 행사

2018년 6월 22일 서울 진관사에서 열린 555년 전 두부찜 재현 행사. 주지 계호 스님이 조선시대 방식으로 두부를 만들기 위해 맷돌을 돌리고 있다.

면서 "콩을 구해 맷돌에 갈아 만드는 과정이 워낙 고된지라 눈물로 만든 음식이라는 뜻"이라고 말했다.

조선시대에는 '사찰은 곧 두부'라는 인식 때문인지 두부를 먹기 위해 사찰을 찾는 양반이 많았다. 특히 조선시대 사대부 사이에서는 연포탕軟泡湯이 인기 있는 음식이었다. 연포탕은 닭 육수에 꼬치에 꿴 두부를 넣어 끓인 것이다. 사대부는 연포탕을 즐기는 연포회라는 모임도 만들었는데, 연포를 내놓으라며 사찰에 몰려가 횡포를 부리는 사대부도 있었다.[8]

고급 음식인 두부에 대한 양반의 사랑은 전란 중에도 예외는 아니었던 것 같다. 임진왜란 당시 기록을 담은 자료 중《쇄미록鎖尾錄》이라는 흥미로운 문헌이 있다. 조선 중기 학자 오희문이 쓴 일기인데, 임진왜란이 일어나기 전인 1591년부터 정유재란에 이르기까지 10년 가까운 세월 동안 써내려간 피란 기록이다. 전란의 참담함뿐 아니라, 당대 양반의 생활상이 자세히(불순한 말을 한 종의 발바닥을 때렸다는 따위의 내용까지 포함됨) 서술되어 있다. 특히 꼼꼼하게 기록한 것은 식생활이다. 전란 이전까지 굶주림으로 고통받은 경험이 없었을 양반으로서는 하루하루 끼니 해결이 엄청난 고통이었다. 어디서 뭘 얻었고, 어떻게 식량을 구했으며, 무엇을 해 먹었는지 따위가 자세히 나온다. 그중에서도 두부 이야기가 여러 차례 나오는데, 특별한 대접을 주고받거나 제사를 지낼 때다. 물론 음식을 만드는 사찰의 승려 이야기 역시 빠지지 않는다. 당시의 분위기를 알 수 있는 몇몇 대목을 인용해본다.

- 덕경을 대흥 대련사로 보낸 것은 콩 2두로 두부를 만들기 위해서이니.
- 상판관 기손 씨가 대조사에서 두부를 만든다고 나와 조훈도를 청했기에.
- 김경, 안사눌이 함께 임해사에 가서 두부를 해 먹자고 약속해서.
- 이른 아침에 아우와 함께 절에 올라가서 제공諸公과 함께 두부를 먹고 혹 바둑도 두고 혹 종정도를 놀면서.
- 나를 보광사로 청하므로 식사 후에 눈을 무릅쓰고 갔더니, 저녁 때 우리 부자와 최 공 세 사람이 둘러앉았는데 두부를 만들어 내왔다.
- 선방에 모여 앉아 종일 이야기하다가 순두부와 저녁밥을 먹고 나서.
- 태수가 신대흥과 나를 고사高寺로 청하여 두부를 만들고 겸해서 송이를 따다가 대접한다고 해서.
- 이내 중들이 두부를 만들어 오랬으나 중 수도 적고 손은 많으며 그릇도 역시 모자라서 잘 만들어내지 못했기 때문에.[9]

두부는 중국에서 들어왔다는 것이 통설인데, 조선시대 두부는 중국 명나라 황제도 최고라고 극찬할 정도로 맛이 뛰어났다. 《세종실록》에는 명나라 황제가 조선 두부를 칭찬하고 특별히 그 맛을 기억하는 대목이 나온다.

왕이 먼젓번에 보내온 반찬과 음식 만드
는 부녀자들이 모두 음식을 조화하는
것이 정하고 아름답고, 제조하는 것이
빠르고 민첩하고, 두부를 만드는 것이
더욱 정묘하다. 다음번에 보내온 사람은
잘하기는 하나 전 사람들에게는 미치지 못
하니, 칙서가 이르거든 왕이 다시 공교하고
영리한 여자 10여 인을 뽑아서 반찬, 음식,
두부 등류를 만드는 것을 익히게 하여 모두

옛 방식으로 만든
두부

다 정하고 숙달하기를 전번에 보낸 사람들과 같게 하였다가……'.[10]

조선 태조가 수륙재水陸齋를 봉행하는 사찰로 지정하는 등 수백
년 동안 사찰음식의 명맥을 이어온 서울 진관사津寬寺에서 두부를
만들었다는 기록도 있다. 조선 전기 문신 신숙주의 시문집《보한재
집保閑齋集》에는 1463년(세조 9) 당대의 고승이던 학전 스님이 문인
들과 함께 진관사를 유람하고 시회詩會를 열었다는 대목이 나온다.
진관사 주지이던 성명 스님이 이때 준비한 음식이 포증(두부찜)과
떡, 국수, 두부, 밥 따위였다.

사찰음식의 체계적 전승에 앞장서온 진관사는 2018년 6월 22일
재미있고 의미 있는 행사를 열었다. 바로 555년 만에 당시의 두부
찜을 공개적으로 만들어 선보인 것이다. 주지 계호 스님은 "1463년

문헌에 나오는 성명 스님의 두부찜을 옛 방식대로 만들었다"라면서 "진관사의 사찰음식을 체계적으로 계승하고 전승해 많은 사람이 위로와 치유의 음식을 먹을 수 있도록 이 같은 행사를 마련했다"라고 말했다. 또한 스님은 조선시대에 사신을 접대한 기록인《영접도감의궤迎接都監儀軌》를 참고했다고 덧붙였다. 1643년 편찬된 이 책에는 두부찜을 만들기 위한 식재료로 편두부, 석이버섯, 파, 잣을 사용했다고 나온다. 이날 진관사에서 만든 두부찜에는 오신채에 포함되는 파 대신 미나리가 들어갔다.

사찰음식으로 꼽을 수 있는 것이야 많지만, 아마도 두부가 가장 불교적인 음식이 아닐까. 우리나라뿐 아니라 중국, 일본 모두 사찰을 통해 두부가 발전했고, 지금도 사찰에서 즐겨 먹는 음식이다. 그중에서도 특히 우리나라 두부는 불교가 겪은 고난의 시간을 견디며 스님들의 눈물과 땀을 바탕으로 현재까지 이어질 수 있었다.

덴푸라,
레이스 튀김옷이 아스라한
순수한 맛의 제국

금기는 의외의 결과물을 낳는다. 음식의 역사와 유래를 살펴보면 종교적 금기가 낳았던 결과물이 꽤 많다. 일본을 대표하는 요리인 덴푸라(튀김) 역시 그렇다.

가톨릭의 전통 절기 중에 '사계재일四季齋日'이라는 것이 있다. 사순절은 일반인에게도 익숙하지만, 사계재일은 다소 생소하다. 이는 계절마다 각각 3일씩 단식하고 금육, 즉 고기를 먹지 않으면서 속죄하는 마음으로 특별히 기도하는 때를 말한다.[1] 라틴어로 '쿠아투오르 템포라Quatuor Tempora'라고 하는 이 전통은 현대 가톨릭에서는 거의 지켜지지 않는다. 제2차 바티칸 공의회(1962~1965) 이후 폐지됐기 때문이다.

하지만 포르투갈 선교사가 일본에 가톨릭을 전하던 16세기에는 이 전통이 지켜졌다. 당시 포르투갈 선교사는 사계재일 기간 동안 고기를 먹지 못했기 때문에 대신 생선을 튀겨 먹었다. 이 같은 관습은 일본의 가톨릭 신도에게 전해졌고, 곧 고기 대신 생선 따위를 튀긴 이 음식이 사계재일 기간에 먹는 음식이라는 인식이 자리 잡게 됐다. 이후 이 튀김요리는 일본인의 발음에 맞게 덴푸라로 바뀌어 오늘에 이른다.

1940년대에 문을 연 일본의 덴푸라 전문점 도텐카이東天會는 홈페이지에서 다음과 같이 덴푸라의 유래를 설명한다. "프란체스코 사비에르Francisco Xavier 신부가 일본에 온 것이 1549년인데, 그즈음 덴푸라가 전래됐다. 덴푸라는 가톨릭 종교 용어에서 나온 것으로, 구아토로 덴푸라시クアトロ テンプラシ에서 따온 것이다."

일본의 항구도시 나가사키는 포르투갈 선교사가 첫발을 디딘 곳으로, 포교의 중심지였다. 지금도 일본 가톨릭 인구의 15퍼센트가 나가사키에 모여 산다. 2017년 2월 국내에서 개봉한 마틴 스코세이지 감독의 영화 〈사일런스〉도 가톨릭 박해가 극심하던 17세기 나가사키를 배경으로 한다.

일본식 덴푸라는 흔히 보는 튀김요리와 비교할 때 튀김옷이 매우 얇다. 포르투갈식 튀김은 두꺼운 튀김옷을 입혔지만, 덴푸라는 일본인의 손을 통해 사뭇 다른 요리로 변모했다. 일본 에도 시대 (1603~1868)의 요리 문화는 원재료의 신선함을 가장 중요시했다. 이 때문에 최대한 얇게 튀김옷을 입혔다. 속이 다 보일 뿐 아니라 바삭바삭한 식감을 가진 현재와 같은 덴푸라는 그런 기반에서 발전했고 완성됐다. 제대로 된 일본식 덴푸라를 볼 때는 음식이라기보다 고도의 기교가 가미된 예술 작품 같다는 생각이 들 때가 많다.

프랑스의 철학자 롤랑 바르트Roland Barthes는 일본 여행 후 《기호의 제국》을 썼는데, 이는 일본 문화의 전반을 감각적으로 분석해 쓴책이다. 이 책에 덴푸라를 묘사한 내용이 나온다. 어려워서 제대로 이해하지 못한 부분도 많은데, 덴푸라를 분석하고 묘사하며 의미를 부여한 부분에서는 감탄했던 기억이 있다.

덴푸라에는 우리가 전통적으로 튀김요리에 부가하는 무거움의 의미가 배제되어 있다. 덴푸라 요리에서 밀가루는 흐트러진 꽃송이 같은 진수를 되찾으며 그야말로 가볍게 희석되어 밀가루 반죽보다는 우유처럼 느껴질 정도다. 이 금빛 우유는 너무 연약해서 기름에 닿는 순간 음식물을 완전히 감싸지도 못하고 한쪽에서 새우의 연분홍빛을, 그리고 다른 쪽에서 고추의 초록빛이나 가지의 보랏빛을 살짝 내비치고 서양 튀김 요리의 완전히 덮어버리는 덮개나 봉투 같은 두꺼움을 제거한다.

덴푸라의 신선함은 밀가루로 이루어진 레이스를 통과하여 음식물 중에서도 가장 생기가 넘치면서도 가장 부서지기 쉬운 생선과 채소의 맛을 감싼다. 이 신선함은 아무도 손대지 않은 것처럼 순수하고도 상큼한데, 바로 기름에서 이런 신선함이 나오는 것이다. 덴푸라 전문점은 얼마나 신선한 기름을 사용하는가에 따라 등급이 정해진다. 최고급 식당은

덴푸라

16세기에 일본에 가톨릭을 전하던 포르투갈 선교사가
사계절 일 기간 동안 고기 대신 생선을 튀겨 먹던 관습이,
일본을 대표하는 요리인 덴푸라의 탄생 배경이 되었다.

138

새 기름만 사용하고 다 쓴 기름은 급이 떨어지는 다른 식당에 팔아넘긴다. 식당 손님들은 음식물이나 신선함보다는 바로 요리의 순결성에 돈을 내는 것이다.[12]

일본의 덴푸라 요리점 중에는 교바시나 곤도처럼 미슐랭 별을 받은 곳도 있다. 가보지는 않았으나 워낙 명성이 자자한 곳이다. 이 중 곤도는 미국 대통령의 방문을 거절한 것으로 화제가 되어 뉴스에 소개되기도 했다. 2014년 일본을 방문한 오바마 당시 미국 대통령에게 덴푸라를 대접하기 위해 일본 정부가 곤도의 오너 요리사인 곤도 후미오近藤文夫에게 요리를 부탁했으나, 그는 거절했다. 아무리 대통령이라 해도 몇 달 전부터 예약한 손님을 돌려보낼 수는 없다고 했다는 것이다.

롤랑 바르트가 받았던 것처럼 강렬한 감동을 느낄 수 있었던 덴푸라 요리점이 내게도 있긴 하다. 20여 년 전 방문했던 후쿠오카시 중심부에 자리한 곳인데, 그때 상호를 적어놓은 메모지를 잃어버려 이름을 기억할 수는 없다. 아무튼 하얀 눈썹 바로 위까지 조리모를 눌러 쓴, 장인의 풍모를 발산하는 할아버지 요리사가 절도 있는 손놀림으로 튀겨내 접시 위에 올려주던 그날의 그 덴푸라는 이전까지는 만나지도, 상상해보지도 못하던 음식이었다. 식당에 들어오기 직전 '튀김이란 게 다 거기서 거기 아닌가'라고 생각했던 것이 곧바로 '회개'하는 마음으로 바뀔 정도였다. 새우, 파프리카, 가지, 양파 등을 튀겨낸 덴푸라는 흔히 생각하는 튀김이 아니었다. 생생하고 활기 넘치는, 각각이 독립된 작은 세계였다. 튀김옷은 내용물이 그대로 비칠 만큼 얇고 투명했지만, 그 세계를 보호하기에 부족함이 없을 정도로 견고했다. '바삭' 소리를 내며 한입 베어 무는 행위는 단순히 무언가를 먹는 것이 아니다. 어떤 순수하고 순전한 세계에 발을 디디고 그 세상을 만나 온전히 내 것으로 받아들여 새로운 나만의 세계를 만드는 신비로운 경험이었다.

색다른 음식을 만나 감탄하고 행복함을 느낄 때가 종종 있다. 그런데 그 덴푸라 요리점에서 받았던 강도와 같은 감동을 느꼈던 기억은 아직까지 거의 없는 것 같다.

라마단과 <u>대추야자</u>, 그리고 터키식 이프타르 정찬

"1분 남았어요."

우사메 준불은 시계를 들여다보며 말했다. 2018년 6월 12일 오후 6시 54분, 서울 이슬람 성원(모스크)에서 공식적으로 올린 이날의 일몰 시각은 6시 55분이다. 하루 종일 '굶었다가' 드디어 뭔가를 먹을 수 있게 되는 시간이 1분 정도 남은 셈이다. 식탁 위에는 빵과 요구르트, 샐러드 따위의 음식이 차려져 있고, 두 개의 작은 그릇에는 대추야자가 가득 담겨 있다.

"땡! 이제 시간이 됐네요."

일몰 시각인 6시 55분이 됐다. 이제부터는 음식을 먹을 수 있다. 모슬렘이 금식(단식)을 하는 라마단 기간. 이날 오전 일출 시각이 3시 20분이었으니 라마단을 지키는 모슬렘은 열여섯 시간가량을 물도 못 마시고 굶어야 했다. 터키 문화원에서 일하는 우사메 준불의 집을 찾은 것은 이프타르Iftar를 함께하기 위해서였다. 터키 출신 언론인인 그의 친구 알파고 시나시 부부도 함께했다.

라마단은 일반적으로 단식(금식)을 하는 고통의 시간으로 알려져 있다. 그런데 해가 떠 있는 동안에 한해 그렇다. 해가 진 뒤에는 먹을 수 있다. 그래서 모슬렘은 라마단 기간에 친구나 이웃과 함께 모여 이프타르를 즐긴다. 이프타르는 일몰 후 그날의 금식을 깨고 먹는 저녁식사를 말한다. 우사메 준불의 설명에 따르면, 라마단은 고행의 시간이기도 하지만 동시에 공동체 성원 간의 우애와 정을 나누는 축제의 시간이기도 하다. 보통은 친구, 이웃을 서로의 집에 초대해 이프타르를 나누면서 밤새 음식을 먹고 즐긴다.

첨단 빌딩과 고급 호텔 그리고 문화 시설이 밀집한 두바이에서는 라마단 기간 동안 일몰 후 즐기는 성대한 차림의 '이프타르 뷔페'가 관광객을 사로잡는다. 온라인 여행 정보 사이트나 해외에서 발행되는 관광 책자, 잡지에는 두바이나 오만의 수도 무스카트 등 도시별로 이프타르 뷔페 음식점의 순위를 매긴 목록을 쉽게 찾아볼 수 있다. 이 때문에 라마단 기간이 오히려 트렌디한 관광 시기로 주목받기도 한다.

라마단 단식은 모슬렘에게는 중요한 신앙적 의무다. 단식을 하는 이유는 인간의 기본적 욕구인 배고픔과 갈증을 경험해 인간이 얼마나 약한 존재인지 깨닫게 하기 위해서다. 또 배고픔에 허덕이고 죽어가는 사람을 생각하며 그들을 돕는 마음을 갖도록 하기 위해서다.

이프타르 뷔페

라마단 기간동안 일몰 후 즐기는 성대한 차림이
'이프타르 뷔페'가 관광객을 사로잡는다.
이 때문에 라마단 기간이 오히려 트렌디한 관광
시기로 주목받기도 한다.

라마단은 이슬람력에 따라 정해진다. 이슬람력은 1년이 355일이기 때문에 매년 10일씩 앞당겨져 33년에 서른네 차례의 라마단을 맞게 된다. 그러므로 라마단은 시원한 봄가을에 맞을 수도 있고, 무더운 여름이나 추운 겨울에 맞을 수도 있다. 라마단 기간은 30일이다. 2018년은 5월 15일부터 6월 14일까지였다.

라마단 단식이 모든 사람에게 적용되는 것은 아니다. 임신부나 어린이, 노약자 그리고 현지의 상황에 따르거나 적응해야 하는 여행자에겐 예외가 적용된다. 알파고 시나시는 "어린이는 라마단 금식을 지키는 데서 제외되기 때문에 어릴 때는 금식을 하는 어른이 무척 부러웠다"라면서 "초등학교 때 나 혼자 금식을 한 뒤 친구들에게 나도 어른이 됐다며 우쭐한 마음으로 자랑한 적도 있다"라고 덧붙였다.

라마단 기간의 만찬인 이프타르에는 규칙이 있다. 정해진 시간이 되어 음식을 먹을 수 있게 됐다고 해서 아무것이나 입에 넣어서는 안 된다. 하루의 단식을 끝내면서 입에 넣을 수 있는 첫 음식은 물이나 대추야자다. 대추야자는 국내에선 비교적 생소한 열매다. 우리가 서아시아의 사막을 떠올릴 때 자연스럽게 연상되는 풍경이 있는데, 오아시스와 낙타 그리고 하늘을 향해 폭죽처럼 잎이 펼쳐진 나무의 모습이다. 그 나무가 바로 대추야자다. 대추야자는 인류의 역사와 함께해온 나무다. 서아시아 지역에서 쉽게 발견할 수 있는 이 나무는 건조하고 척박한 환경에서도 잘 자란다. 무엇보다 무척 맛 좋은 열매를 많이 맺는다. 성경에도 여러 차례 나오는 '종려나무'가 바로 이 대추야자다.

대추야자 열매를 처음 맛본 것은 2016년 9월이었다. 이집트 출장을 갔을 때였다. 수도인 카이로에서 차를 타고 북부의 도시 마할라알쿠브라로 가는 도로 곳곳에는 대추야자 열매를 파는 노점상이 꽤 많았다. 붉거나 갈색을 띠는 열매의 맛이 무척이나 궁금했다. 갈 길은 멀었지만 저 맛을 보지 않고는 지나치기가 힘들어 중간에 차에서 내렸다. 길 한쪽에 수북하게 가지를 쌓아놓고 열매를 손질하던 중년의 남녀에게 다가갔다. 내가 가까이 가자 바닥에 앉아 있던 여성은 대추야자의 껍질을 절반가량 벗겨낸 뒤 먹어보라는 몸짓을 하며 손에 열매를 쥐여줬다.

껍질이 벗겨진 열매의 속살은 먹음직스러운 노란색이었다. 말랑말랑한 열매의 남은 껍질 부분을 살짝 누르자 부드러운 과육이 입 안으로 밀려들어왔다. 그 순간 혀에서 느껴지는 맛은 충격 그 자체였다. 지금까지 맛본 적 없는 새로운 맛, 기분 좋게 맛있는 그런 맛이었다. 일반적으로 더운 지역에서 나는 과일은 당도가 상당히 높아 살짝 속이 아리는 일도 많은데, 말랑하고 신선한 이 대추야자는 향긋하고 달콤하면서도 상큼하고 부드러웠다. 식감은 망고와 반건시의 중간 정도였다. 한 보따리를 그 자리에서 바로 샀다. 양으로 따지면 5리터짜리 종량제 봉투 크기의 비닐에 가득한 분량이었다. 값은 우리 돈으로 500원 정도.

대추야자

이프리트에는 구체이 있다. 해부의 단석을
끝내기전 안에 넣을 수 있는 것 음식은
물이나 대추야자다.

말랑말랑한 열매는 달콤했고, 딱딱한 열매는 아삭하면서 새콤한 맛이 강했다. 이튿날엔 카이로의 남대문시장 격인 칸 엘칼릴리Khan el-Khalili 시장에 가서 귀국하는 날까지 먹을(그래봤자 4일 정도 더 있었지만) 대추야자를 잔뜩 샀다. 그런데 먹을 때는 아무 생각 없이 신나게 먹었지만, 그로부터 얼마 있지 않아 그 즐거움은 부메랑이 돼 돌아왔다. 대추야자 열매의 칼로리가 엄청나게 높다는 사실을 나중에 알게 된 것이다. 출장 기간 내내 대중교통을 주로 이용했고 무지막지하게 걸어 다니며 땀도 많이 흘렸기 때문에 체중이 좀 줄었을 줄 알았는데, 어이없게도 늘었다. 대추야자의 칼로리가 아니고는 설명이 되지 않는 결과였다.

귀국한 뒤에도 가끔 대추야자가 생각났다. 하지만 그 말랑말랑한 대추야자는 우리나라에선 맛볼 수 없다. 국내엔 말린 대추야자가 수입되기 때문이다. 이태원에 있는 이슬람 성원 근처 식료품점에서 팔기 때문에 두어 번 사러 간 적이 있다. 맛있기는 한데, 당도가 상당히 높은 편이다.

이슬람교 경전인 쿠란에는 대추야자가 스무 차례 이상 나온다. 대추야자는 이슬람 문화권에서 '생명의 양식'으로 불릴 만큼 귀하고 소중한 작물이다. 이프타르에 대추야자를 먹는 것은 이슬람교 창시자인 예언자 마호메트의 가르침에 따른 것이다. 마호메트의 가르침을 모은 순나Sunnah에는 다음과 같은 기록이 나온다.

이 말을 듣고 난 예언자께서 다음과 같이 대답하셨다.

"단식하는 사람에게 이프따르 음식으로 대추야자 열매 하나 또는 물 한 모금 또는 우유 한 모금이라도 대접하는 자가 있다면 하나님은 그에게 이달(라마단)의 초순에는 자비를, 중순에는 관용을, 그리고 말에는 지옥 으로부터 그를 보호하는 은혜를 베풀 것이니라."[13]

이프타르와 비슷한 개념으로 '사후르Sahoor'가 있다. 사후르는 일 출 전, 즉 새벽에 먹는 식사다. 초대받아 간 집에서 밤새도록 시간을 보내며 이프타르와 사후르를 함께하는 경우도 많다. 순나에는 사후 르와 이프타르에 대해 언급한 부분이 꽤 많이 나온다.

- 나의 백성들은 싸후르를 늦추고 이프따르를 가능한 한 빨리 하기 때 문에 단식을 하면서 항상 건강한 상태를 유지할 수 있느니라.
- 싸후르를 하라. 그 음식에 축복이 있느니라.
- 우리의 단식과 성서의 백성(유대교인과 기독교인)이 하는 단식의 차이 는 우리가 싸후르를 하는 것에 있느니라.[14]

그날 우사메의 집에서도 이프타르를 대추야자로 시작했다. 식탁 위에 음식을 내놓기 전에 대추야자를 가득 담은 그릇과 물컵을 내 놓은 것은 그런 이유에서였다. 우사메와 그의 부인은 근사한 터키식 정찬을 차려냈다. 터키 음식은 국내엔 비교적 덜 알려져 있지만 중국, 프랑스와 함께 세계 3대 요리로 꼽힌다. 지역별로 다양하고 맛있는 요리가 발달했다. 오스만튀르크의 영향을 받은 동유럽이나 서아시아, 남유럽 음식 가운데 터키 요리와 비슷한 것이 꽤 많다.

우사메의 집에서 가장 먼저 나온 요리는 사르마Sarma(터키어로는 Sarmak)다. 고기와 쌀을 익혀 포도 잎으로 감싼 뒤 다시 쪄내는 것이 터키식 요리법이지만, 국내에선 포도 잎을 구하기 쉽지 않기 때문에 다른 채소로 대신했다. 언뜻 보니 거무스름한 녹색이라 호박잎인가 했는데, 우사메는 '흑배추'라고 설명했다. 렌틸콩(렌즈콩)으로 끓인 수프에 이어 오이와 마늘, 파슬리, 민트로 만든 여름식 냉국 차지키 Tzatziki(터키어로는 Cacık)도 나왔다. 가지를 구워 껍질을 벗긴 뒤 으깨서 치즈와 버무려 퓌레를 만든 뒤 양고기와 함께 내는 훈카르 베엔디Hunkar Begendi, 양념해서 구운 쇠고기, 파스타의 일종인 세흐리예 Sehriye를 넣어 지은 밥, 그린빈 샐러드까지 푸짐하게 차려졌다. 달콤한 터키식 디저트와 커피, 차까지 천천히 마시며 이야기꽃을 피우다 보니 시간은 어느새 밤 11시가 훌쩍 넘어 있었다. 우사메 준불은 "이프타르를 끝낸 뒤 집으로 돌아가는 것이 아니라, 잠시 눈을 붙이고 다시 일어나 해 뜨기 전에 먹는 사후르까지 함께하는 경우도 많다" 라고 말했다.

이프타르에 중요한 역할을 하는 대추야자는 또 다른 순간에도 그 존재감을 드러낸다. 바로 '타흐니크Tahneek'다. 타흐니크는 신생아가 태어났을 때 대추야자를 씹어 그 즙을 아기의 입에 넣어 문지르는

151

의식이다. 이 역시 순나에 따른 것이다. 모슬렘은 타흐니크를 함으로써 아기가 더 건강하게 자랄 수 있다는 믿음을 갖게 된다.

유엔 식량농업기구FAO의 2016년 자료를 보면 현재 세계에서 대추야자를 가장 많이 생산하는 나라는 이집트다. 그다음은 이란, 알제리, 사우디아라비아, 아랍에미리트, 이라크의 순이다. 아랍에미리트의 부호인 만수르가 즐겨 먹는 간식으로도 알려져 있다.

모든 종교는 무화과로 통한다?

TV 드라마 〈응답하라 1994〉가 방영될 즈음이었다. 지인들과 함께 하는 저녁 식사 자리에서 갑자기 화제에 오른 주제는 무화과였다. 며칠 전 방송된 내용 중에 전라남도 순천 출신 해태가 엄마의 사랑이 듬뿍 담긴 무화과 잼을 맛보는 장면 이야기가 나왔기 때문이다. 부끄럽게도, 그 방송을 보기 전까지 나는 국내에서 무화과가 나는 줄 몰랐다. 성경에 자주 등장하는 무화과는 머나먼 서아시아나 지중해 지역에서 많이 나는, 혹은 성경이 쓰이던 시대에 많았던 과일나무 정도로 생각했을 뿐이었다.

생경한 먹을거리에는 호기심이 동하기 마련인데, 무화과에 대해서는 시간적, 공간적으로 거리감이 크게 느껴졌기 때문인지 딱히 맛이 궁금하진 않았다. 그런데 방송을 보고 나니 무화과에 대한 관심이 밀려들었다. 무화과에 무지한 사람은 '다행히' 나만이 아니었다.

심지어 한 지인은 "예수님 시대에나 먹었던, 지금은 멸종한 과일인 줄 알았다"라고 말하기까지 했다.

무화과와 관련한 무지함의 기억은 또 있다. 아마 1990년대 초반이었던 것 같다. 당시 가수 김지애 씨가 부른 〈몰래 한 사랑〉이 꽤 인기를 끌었다. 그때 막 생기기 시작한 노래방에 가서 친구들과 함께 이 노래를 부르곤 했는데, 가사에 이런 구절이 나온다. "그대여, 이렇게 무화과가 익어가는 날에도 너랑 나랑 둘이서 무화과 그늘에 숨어 앉아 지난날을 생각하며 이야기하고 싶구나." 가만히 살펴보면 노랫말은 엄청 슬픈데 구성이나 박자가 흥겹게 느껴지는지라 추임새까지 넣어가며 신나게 불렀던 기억이 난다.

그러다 누군가가 문득 물었다. "무화과가 우리나라에서 나는 거맞아? 가사 내용이 맞는 거야?" 다른 친구는 짐짓 그럴듯한 분석을 했다. "트로트가 좀 구식 느낌이 나니까 이국적인 무화과를 넣어서젊고 세련돼 보이게 만들려고 한 것 아닐까?" 그때도 전라남도 영암지역에서는 무화과가 재배되고 있었다는데, 우리 중 누구도 그 사실을 몰랐다. 인터넷도 없던 시절이라 들어본 적도, 구경해본 적도, 찾아볼 생각도 없던 무지한 우리는 작사가의 치기 어린 노랫말쯤으로이 명곡을 폄하해버리고 말았다. 그 후에도 20년 넘게 무화과에 대한 내 무지의 수준은 거의 달라지지 않았다.

무화과. 기껏해야 과일일 뿐이고 그저 먹을거리일 뿐인데, 호기심보다는 왠지 대하기 어렵다는 느낌이 든다. 사과나 귤과 달리 손질하고 먹는 방식에 정해진 절차와 과정이 있을 것만 같은 막연한 편견이 생기는 것은 아마도 오랜 경전인 성경에 비유적으로 많이 등장하는데다, 주변에서 흔히 볼 수 없다는 희소성 때문인지도 모르겠다. 요즘이야 대형 마트나 시장에 가면 무화과를 제법 접할 수 있지만, 예전에는 수입 자유화 이전의 바나나보다 더 만날 기회가 없었던 것 같다.

성경에는 열매를 맺지 못해 저주를 받은 무화과나무 이야기도 나오고, 이스라엘 백성을 상징하는 의미로 사용되기도 했다. 단순한 배경이 아닌, 서사의 주체가 되는 경우도 있다. 에덴동산에서 쫓겨나는 아담과 이브가 몸을 가리기 위해 무화과나무 잎으로 옷을 해서 입는 부분은 너무나 유명하다. 세계 역사상 가장 오래된 과실나무라는 기록도 여러 문헌에 나오는데, 그럴 만하다. 창세기 에덴동산 부분에서 가장 먼저 '실명'으로 등장하는 식물이니 더 말해 무엇하랴.

기독교 역사, 기독교 경전인 성경에 수없이 등장하는 무화과는 종교적 상징성과 의미를 갖고 있다. 그런데 비단 기독교에서만 이런 의미를 갖는 것이 아니다. 이슬람교 역시 무화과나무를 신성하고 의미 있는 과실수로 생각한다. 쿠란 95장은 '무화과장'이라고도 하는데, 첫 절은 다음과 같이 시작한다. "무화과와 올리브의 이름으로 맹세하나니……." 이처럼 신에게 맹세하는 징표로까지 등장하는 것은 무화과를 알라로부터 축복받은 주요 양식이라고 여기기 때문이다.[5]

불교와 힌두교 역시 무화과와 관련이 있다. 불교 경전에는 '우담발라'라는 식물이 나온다. 3000년 만에 한 번 꽃이 핀다고 하는데, 불교에서 매우 드물고 희귀한 것을 일컬을 때 비유적으로 사용한다. 석가모니가 세상에 등장한 것이나 중생이 인간의 몸을 받아 부처님의 말씀을 전해 듣는 일 역시 우담발라가 꽃을 피우는 것만큼 귀한 일이라

지중해 지역에서는 흔한
먹을거리인 무화과

는 것이다. 그런데 이 우담발라는 무화과나무의 일종으로 분류된다. 또 베다Veda 시대의 고대 힌두교 역시 우담발라를 귀중한 생명의 나무로 인식해 베다 문헌에서 생산성을 상징하는 나무로 묘사했다.[16]

찰스 스키너는 《식물 이야기 사전》에서 무화과에 얽힌 종교적 일화와 역사를 다룬다. 이 책에 따르면 싯다르타가 깨달음을 얻은 보리수도 무화과나무의 일종이며, 힌두교의 3대 신 중 하나인 비슈누도 거대한 보리수 그늘에서 태어났다. 그리스 로마 신화에도 무화과는 자주 등장한다. 로마 건국의 주역인 로물루스와 레무스 쌍둥이 형제도 무화과나무의 은혜를 입었다. 삼촌의 위협을 피하기 위해 강에 띄워 보내진 이들은 무화과나무 가지 덕분에 건져졌고, 지나가던 늑대의 젖을 먹고 자랄 수 있었다.

기독교 역사에서 '무화과 잎'은 아담과 이브의 벌거벗은 몸을 가

리는 데만 사용된 것이 아니다. 르네상스 시대에도 교회에서 중요하게 사용됐다. 교황 바오로 4세는 엄격한 금욕을 추구하며 르네상스 이전의 생활로 돌아갈 것을 열망했다. 그는 인본주의적 예술 작품, 예를 들면 성기가 드러난 누드화나 조각상이 경건하지 않다고 여겼다. 그리하여 누드화에는 무화과 잎을 그려서 성기 부분을 가리고, 조각상의 경우 석고나 대리석으로 만든 무화과 잎을 덮어 가리도록 했다.

이 때문에 서구 미술계에서는 '무화과 잎 캠페인fig leaf campaign'이라는 용어가 등장해 통용됐다. 이는 예술가의 누드 작품에서 신체 일부를 가리도록 압박하던 것을 의미한다. 미켈란젤로 역시 이 압박을 피해 가지 못했다. 그가 시스티나 성당에 그린 〈최후의 심판〉에는 원래 누드로 등장하는 인물이 많았다. 당시 교회는 누드 부분을 가리라는 명령을 내렸다. 거부하던 미켈란젤로가 세상을 떠나자 교회는 '모자이크' 작업에 착수했다. 이 작업을 미켈란젤로의 뛰어난 제자였던 볼테라Daniele da Volterra에게 시켰다. 그는 천이나 나뭇잎을 최소한도로 그려 인물의 주요 부위를 덮었다.[17]

무화과는 주요 종교에서 다양한 의미와 상징을 가지지만, 먹을거리로서의 무화과는 보잘것없고 흔한 대상이었다. 이탈리아에는 "무화과 피자는 아니지"라는 속담이 있다. 비싼 돈을 들여 귀한 음식을 준비했을 때 이 속담을 사용한다고 한다. 즉 무화과 피자 따위와 비교할 수 없는 귀하고 비싼 음식이라는 뜻이다. 무화과 피자는 이탈

무화과나무

세계 역사상 가장 오래된 과실나무라고 하는 무화과는 기독교뿐만 아니라 이슬람교, 불교, 힌두교 등 숫자, 종교에서 다양한 의미와 상징을 가진다.

리아에서 가난한 사람들이 화덕에 구운 빵 위에 아무데서나 쉽게 구할 수 있는 무화과를 얹어 먹던 것이기 때문이다.[18]

'베드로의 물고기'를
먹으러 갑니다

여행을 다녀오면 자랑삼아 늘어놓는 이야깃거리 중 하나가 현지에서 먹어본 음식이다. 주로 아주 특이하거나 맛있거나, 아니면 너무 혐오스럽게 느껴지는 음식이다. 동남아시아 어디서 먹어봤다는 전갈요리, 미국 남부의 악어고기튀김, 아이슬란드의 양머리통찜, 세계의 미식 수도라는 스페인 바스크의 산세바스티안에서 맛본 근사한 스페인식 가정식, 프랑스 베르사유 궁전에 문을 열었다는 미슐랭 스타 요리사의 새 음식점에서 먹었던 디저트 등이 그런 것이다.

지인 몇 사람이 둘러앉아 서로의 식탐 경험을 늘어놓은 적이 있다. 이스라엘 출장을 다녀온 한 지인이 "난 이스라엘에서 베드로가 잡았다는 물고기를 먹어봤어" 하고 말했다. 그 순간 다른 화려하고 특이한 요리를 제치고 이 '베드로의 물고기'가 좌중의 관심을 끌었다.

사실 베드로의 물고기가 뭐 그리 특별한가. 베드로가 예수의 도

〈예수가 행한 물고기 기적〉(1515)

16세기 르네상스 화가 라파엘로가 그린
이 그림은 예수가 제자들에게 나타나
많은 물고기를 잡을 수 있도록 기적을
행한 모습을 담고 있다.

움으로 물고기를 잡았다는 성경 이야기는 종교인이 아니어도 누구나 상식으로 아는 내용이다. 그런데도 희한하게 베드로의 물고기가 어떤 어종인지, 지금도 잡히는지, 어떤 맛인지에 대해서는 딱히 궁금증을 가진 적도 없고 알지도 못했다. 나뿐 아니라 다른 사람들 역시 마찬가지였는지 다들 베드로의 물고기 이야기가 나오자 일거에 관심이 집중됐다. 그런데 그의 설명은 특별한 것이 없었다. 갈릴리 호수에서 잡은 큼직한 물고기를 튀겨낸 요리인데, 살이 깊고 고소하고 차진 맛이 났다는 것이다. 갑자기 그 물고기의 이름이 궁금해졌다.

"그게 그러니까 그냥 '성 베드로의 물고기St. Peter's Fish'래." 순간 듣던 사람들은 김이 팍 샜는지 그런 게 어디 있느냐며 한마디씩 핀잔을 놓았다. 갈릴리 호숫가 어딘가에 갔다가 관광객을 대상으로 하는 식당이 펼치는 고도의 상술에 홀라당 넘어간 것이 분명하다고 몰아댔더니, 그는 약간 풀죽은 목소리로 "진짜 성 베드로의 물고기라던데……" 하며 얼버무렸다.

베드로의 물고기는 신약성경에 나온다. 요한복음서 21장에 묘사된 바로 그 물고기다. 예수의 제자가 되기 전 베드로의 직업은 어부였다. 예수의 죽음 뒤 삶의 방향성과 의미를 잃었을 베드로. 그는 형제들과 함께 물고기를 잡으러 나간다. 하지만 밤새 한 마리도 잡지 못했다. 그렇게 시간이 흘러 동이 틀 무렵 제자들 앞에 부활한 예수가 나타난다. 낙심에 빠진 그들에게 예수는 배 오른쪽으로 그물을 던지라고 말한다. 제자들은 부활한 예수를 알아보지 못한 채 그의 말대로 그물을 던진다. 아마도 밑져야 본전이라는 심정 아니었을까. 그러자 베드로는 자그마치 153마리의 물고기를 잡는다. 그제야 제자들은 부활한 예수를 알아본다. 예수는 그 자리에서 제자들이 건져 올린 물고기, 즉 베드로의 물고기와 빵으로 함께 아침을 먹는다.

　베드로의 물고기를 위키피디아에서 찾아보니 '틸라피아tilapia'라고 나온다. 고대 서양 문명 연구자이자 출판사 편집자인 앤서니 F. 치폴로Anthony F. Chiffolo와 요리사이자 성경철학자인 레이너 W. 헤세 주니어Rayner W. Hesse, Jr.가 함께 쓴《바이블 쿠킹Cooking with the Bible》에서는 성 베드로의 물고기로 틸라피아를 언급한다. 예로부터 갈릴리 호수에서는 좋은 생선이 많이 잡혔는데, 그중 예수 시대에 살았던 어부들은 무슈트musht, 정어리, 바벨barbel을 주로 잡았다고 한다. 무슈트는 아랍어로 '빗'이라는 뜻인데, 베드로의 물고기를 지칭한다. 등지느러미가 빗처럼 생겨서 그런 이름이 붙었다고 한다. 히브리어로는 '암눈Amnoon'이다. 즉 유대인은 암눈이라고 불렀다.

　베드로의 물고기를 어떻게 먹는지, 맛은 어떤지를 확인할 수 있는 방법은 직접 가보는 것이 가장 정확하겠지만, 그럴 수 없으니 간접적으로나마 여행 웹사이트인 트립어드바이저tripadvisor와 구글 지도를 펼쳐본다. 갈릴리 주변의 도시를 지도에서 찾아보니 티베리아스Tiberias와 카페르나움Capernaum 두 곳이 눈에 띈다. 성경에 나오는 디베랴와 가버나움이다. 요한복음서 21장에 등장하는 장소도 디베랴, 즉 티베리아스다.

혹시나 하는 마음으로 트립어드바이저에 티베리아스를 목적지로 놓고 음식점 순위를 살펴봤다. 상위권 대부분의 식당 리뷰에 베드로의 물고기를 맛있게 먹었다는 이야기가 나온다. 식당 홈페이지에 접속해 메뉴를 살펴보니 '성 베드로의 물고기'라는 메뉴가 보였다. 갈릴리 호수 북쪽 카페르나움 지역에는 소개된 식당이 없다. 대신 갈릴리 호수 남서쪽에 위치한 키네레트Kinneret에 '성 베드로의 식당St. Peter's Restaurant'이라는 상호의 음식점이 눈에 띈다.

갈릴리 지역에서 베드로의 물고기는 주로 튀기거나 구워서 먹는다. 아프리카나 서아시아에서 많이 먹는 물고기인데다 번식력이 좋아서 양식도 잘 된다. 맛도 좋은 편이다. 미국에서도 틸라피아를 많이 먹는다. 국내에서도 대형 마트에 가면 냉동 틸라피아를 쉽게 볼 수 있다.

외국에선 이렇듯 식재료로 애용되는 물고기인데, 국내에선 이 이름이 왠지 찜찜한 뒷맛을 남긴다. 우리나라 사람은 틸라피아라는 이름을 듣는 순간 '베드로의 물고기'라는 재미있는 이름보다 그다지 유쾌하지 않은 이미지를 떠올릴 가능성이 크다. 바로 '역돔'이라는 이름 때문이다. 돔이라는 이름을 달고 들어온 틸라피아가 국내에서는 도미의 일종이라고 알려지면서 한동안 횟감이나 초밥용으로 인

틸라피아 & 틸라피아 스테이크

베드로가 갈릴리 호수에서 잡았던
'성 베드로의 물고기'는
틸라피아라고 한다.

166

기를 끌었다. 게다가 값도 엄청 샀다. 식탁에 오르면 일반 소비자로서는 차이점을 발견하기가 쉽지 않기에 그저 값싸고 맛있는 돔으로 사랑받았던 것이다.

하지만 틸라피아는 도미와는 전혀 상관없는 민물고기다. 수입업자는 외국에서 값싸게 들여온 냉동 틸라피아를 도미로 둔갑시켜 국내 소비자를 기만했다. 게다가 현지에서는 위생 문제 때문에 횟감으로 사용하지 않는 물고기라는 내용이 보도 고발 프로그램을 통해 알려졌다. 당연히 인기는 식었고 소비자의 분노는 커졌다. 2018년에는 한 국회의원이 냉동 수입품의 원산지 표기를 의무화하자는 내용의 일명 '틸라피아법'을 발의하기도 했다.

그런 이유로 틸라피아는 먹지 못할 물고기라는 오해를 받았는데, 꼭 그렇지는 않다. 미국 캘리포니아 대학 고고학과 명예교수인 브라이언 페이건Brian Fagan은《피싱: 인간과 바다 그리고 물고기》에서, 고대 이집트에서도 틸라피아를 양식했다는 기록이 남아 있다고 했다. 번식력과 적응력이 좋아서 세계적으로 광범위하게 양식되는 어류 중 하나이기도 하다. 굽거나 튀겨서 먹으면 맛있으니 즐겨 찾지 않을 이유가 없다. 하지만 회로 먹는 것은, 게다가 소비자를 속여 가짜 도미회로 판다는 것은 완전히 다른 이야기다.

앞서 언급한《바이블 쿠킹》에서 거론한 다른 세 물고기 중 나머지 두 물고기도 궁금하다. 우선 정어리는 갈릴리의 토착 정어리를 말하는데, 저자는 예수가 행한 '오병이어의 기적'에 등장했던 물고기가 이 정어리일 가능성이 높다고 했다. 오늘날에도 갈릴리에서 그물을 던지면 엄청난 수의 정어리가 잡힌다고 한다. 바벌은 주둥이 가장자리에 가시가 있는 물고기로, 잔치 때나 안식일에 많이 먹는다.

부활절 식탁
달걀, 양고기, 빵과 케이크…

기독교 신자든 아니든 부활절 하면 가장 먼저 떠올리는 음식은 달 걀이다. 부활절에 교회에서 나누어주던, 알록달록한 색깔의 달걀을 받아본 추억을 가진 이도 적잖을 것이다. 왜 달걀이 부활절을 상징 하게 된 것일까? 속에 깃들인 생명이 알을 깨고 나와 새롭게 탄생한 다는 자연의 섭리가 부활을 닮았기 때문이라는 것이 부활절 달걀에 대한 일반적 해석이다. 실제로 교회에서도 부활절이면 달걀이 가진 이 같은 의미를 새기고 강조하면서 달걀을 나눠준다.

성경에는 부활절 달걀에 대한 기록이 없다. 그렇다면 달걀을 부 활절의 상징물로 사용하게 된 것은 언제부터일까? 이 기원에 대해 서는 몇 가지 설이 있다. 십자군전쟁 당시 남편을 잃은 여인이 마을 사람들의 친절에 보답하기 위해 달걀에 색을 칠해 나누어준 데서 유래했다는 이야기도 있고, 미국의 남북전쟁 이후 생긴 문화라는 이야기도 있다. 또 17세기 한 수도원에서 시작됐다는 주장도 있다.

그런데 이런 이야기보다 설득력 있는 근거를 제시하는 주장은 이 방 종교의 영향 때문이라는 것이다. 고대 로마에서 기독교를 국교로 삼던 당시 만연한 이방 종교를 흡수, 통합하는 과정에서 이방 종교 의 축일과 풍속, 문화가 기독교 전통으로 녹아들게 됐다는 것이다.

이는 부활절의 명칭과도 관련이 있다. 성경에 부활절은 '레저렉 션 데이The Resurrection Day'라고 나오지만 영어로 부활절을 일컫는 단어는 '이스터Easter'다. 이 말은 고대 북서 유럽에 살던 튜턴족 여신 '에아스트레Eastre'에서 유래한 것이다.

19세기 영국의 목사 알렉산더 히슬롭Alexander Hislop은 부활절뿐 아니라 성탄절 등 기독교의 주요 축일이 성경의 근거에 기인하지 않는다고 주장했다. 바빌론 신비종교의 축일과 밀접한 관련이 있다 는 것이다. 그의 주장에 따르면 부활절 달걀의 기원 역시 고대의 신 비종교와 연관이 깊다. 고대 켈트족의 성직자들인 드루이드druid는 성직의 신성한 상징으로 달걀을 가지고 다녔고, 아테네에서 열리던 디오니소스 제전, 즉 신비종교 의식에서도 달걀을 봉헌했다. 고대 이집트인과 그리스인의 종교 의식에서도 신비로움을 불러일으킬 목적으로 달걀을 사용했다. 서양뿐 아니라 일본과 중국에서도 신성 한 종교적 의미로 달걀을 사용했다. 달걀이 생명과 다산의 상징물로 여겨지게 된 것은 고대 바빌론 시대 유프라테스강에 떨어진 달걀에 서 부화한 여신 신화에서 시작됐다.[19]

이집트인으로 아우구스투스 시대에 로마에 있는 팔라틴 도서관 책임자였던 히기누스는 다음과 같은 이야기를 전하고 있다.

"엄청난 크기의 달걀이 하늘로부터 유프라테스강으로 떨어졌다고 전해진다. 물고기들은 이것을 강둑으로 굴려갔고 비둘기들이 그 위에 앉아 부화했는데, 그곳에서 후일 시리아 여신으로 불렸던 비너스가 나왔다. 이 비너스가 다름 아닌 아스타르테인 것이다."

이리하여 그 달걀은 아스타르테, 즉 이스터의 상징들 중 하나가 됐다. 키프로스에는 비너스, 즉 아스타르테를 숭배하기 위해 선택된 의자들 중 하나가 있는데, 엄청난 크기의 달걀 하나가 거대한 모습으로 만들어져 있다.[20]

기독교 신앙의 핵심인 부활을 기념하는 달걀이 이교도의 의식에서 비롯된 것이라니 무척이나 아이러니한 일이다.

달걀 외에 부활절을 대표하는 음식은 양고기다. 성경에서 양은 신에게 바치는 제물로 등장하며, 예수를 '어린 양'으로 비유한 부분도 많다. 이 때문에 유럽에서는 부활절을 축하하며 어린 양 예수를 기념하는 의미에서 양고기를 많이 먹는다. 초대 교회의 전통을 이어가는 정교회가 뿌리 내린 그리스에서 부활절은 우리의 설날과 같은 의미를 지닌다. 가장 좋은 옷과 신발도 부활절에 맞춰 입고 신으며, 오랫동안 설렘과 기대감을 갖고 부활절 음식을 준비해 이웃과 나눠 먹는다. 나쁜 일이 있어도, 서로에게 감정이 상해도 부활절을 앞두

부활절 달걀

성경에는 부활절 달걀에 대한 기록이 없다.
고대 로마에서 기독교를 국교로 삼으며 이방 종교를 흡수,
통합하는 과정에서 그들의 죽임과 풍속이 기독교 전통으로
녹아들어 달걀이 부활절의 상징이 됐다고 한다.

고는 툴툴 털어낸다.

> 우리는 양고기를 구우려고 꼬챙이에 꿰어놓았고 양의 내장 요리도 만
> 들어놓았다. 또 모래밭에 흰 천을 깔아놓았고 부활절 달걀도 빨간색으
> 로 색칠해놓았다.
> 부활절을 알리는 즐거운 종소리가 멀리서 들려왔다. 크레타리라의 활을
> 켜는 소리도 이따금 바람에 실려 우리 귀에까지 들려왔다. 마을 전체가
> 봄철 벌집처럼 웅성거렸다.
> 그리스도는 마을에 있는 집들의 테라스에서 계속 부활했으며, 부활절
> 양과 부활절 롤빵은 사랑의 노래로 다시 태어났다.[21]

그리스 소설가 니코스 카잔차키스의 《그리스인 조르바》에는 이
처럼 양고기 굽는 냄새가 풍기고 시끌시끌한 활기가 느껴지는 부활
절 풍경이 눈에 보이는 것처럼 묘사돼 있다.

우리나라에서 부활절은 종교 기념일이지만, 유럽이나 미국 등 서
구에서는 신앙과 상관없이 가장 큰 명절로 받아들여진다. 그래서 우
리의 명절 음식처럼 부활절에 특별히 먹는 빵이나 과자, 케이크가
지역별로 발달했다.

가톨릭 국가인 이탈리아를 대표하는 부활절 케이크는 비둘기 모
양을 한 콜롬바 파스콸레colomba pasquale다. 굽기 전에 케이크 위에
설탕과 아몬드를 뿌린다. 영국과 호주에서는 표면에 십자가 모양을

장식한 빵인 핫 크로스 번hot cross bun 을 주로 먹는다. 국내의 빵집에서도 종종 볼 수 있다. 러시아에서는 가정마다 원통형 빵인 쿨리치 koulitch 와 치즈, 건포도로 만든 케이크 파스하paskha 를 준비한다. 러시아의 부활절 케이크에는 'XB'라고 쓰인 글자를 볼 수 있는데, 이는 '그리스도의 부활'이라는 뜻의 러시아어 '흐리스토스 보스크레셰 Христос Воскресе'의 앞 글자를 딴 것이다.

스페인에서 먹는 빵 모나 데 파스쿠아mona de pascua 는 도넛처럼 생긴 빵 속에 달걀을 넣어 장식한 것이다. 이외에도 그리스의 추레키tsoureki, 폴란드의 바브카babka, 핀란드의 맴미mämmi 등이 오랜 전통을 가진 부활절 과자다. 네덜란드에는 부활절에 즐겨 마시는 술 아드보카트advocaat 가 있다. 브랜디에 달걀노른자, 설탕과 바닐라 등을 섞은 것이다.

사육제 소시지와
사순절 청어의 싸움,
프레첼 빵

에릭 칼Eric Carle의 그림책《빵집 월터 아저씨》는 숫자 8 모양처럼 꼬인 빵 프레첼pretzel에 관한 이야기를 담고 있다. 롤빵을 굽던 제빵사 월터가 어떻게 프레첼을 만들게 됐는지 그 유래를 말해준다. 하지만 이 책에서 설명하는 유래는 여러 자료에 근거한 이야기가 아닌, 작가의 상상력으로 풀어낸 이야기에 가깝다. 대신 책의 맨 마지막에 프레첼이라는 이름에 대해 다음과 같은 설명을 붙여놓았다.

프레첼이란 단어는 '팔'이라는 뜻의 라틴어 '브라키움braccium'에서 비롯된 말이며, 원래 사순절 동안 먹던 빵으로, 그 모양은 팔짱을 낀 것같이 양팔을 가슴 위로 엇갈리게 하여 손을 반대편 어깨에 올려놓은 모습입니다.[22]

프레첼은 부활절 직전 사순절 기간에 먹었던 빵이라지만 요즘은 언제, 어디서나 먹을 수 있다. 백화점이나 쇼핑몰에 가면 프레첼 전문 브랜드도 볼 수 있다. 독일이나 오스트리아에선 얼굴보다 큰 프레첼을 산더미처럼 쌓아놓고 파는 노점상을 쉽게 만나게 된다. 유럽에선 프레첼 모양의 엠블럼을 달아놓은 빵집을 종종 볼 수 있는데, 이 모양이 과거 제빵사 길드의 상징으로 사용됐기 때문이다.

프레첼 엠블럼
유럽에선 프레첼 모양의 엠블럼을 달아놓은 빵집을 종종 볼 수 있는데, 과거 제빵사 길드의 상징으로 사용됐기 때문이다.

프레첼은 어떻게 사순절과 연관을 갖게 됐을까? 먼저 사순절을 알아야 한다. 사순절은 부활절 이전 40일 동안을 말한다. 예수가 십자가에 못 박혀 죽기까지 과정을 되새기며 금식과 특별 기도 등 경건한 생활을 이어간다. 고대 로마 시대 이후 기독교 문화가 지배해온 서구에서 사순절은 고행 또는 금욕과 같은 의미였다. 이 시기에는 단순히 종교적 의례를 잘 지키는 것만 요구되는 것이 아니다. 식생활에도 큰 제약이 따랐고, 성관계도 육체적 쾌락을 추구하는 행위로 여겨져 금기시됐다. 하지만 평범한 사람이 극한의 스트레스를 계속 견디고만 살 수는 없는 법이다. 대대적인 '고행'에 들어가기 직전 사람들은 한바탕 먹고 즐기고 쾌락을 추구하는 난장을 벌인다.

그것이 바로 사육제謝肉祭, 즉 카니발carnival이다. 이 축제의 시간은 욕망의 해방구이자 기존 질서를 전복하는 기능으로 작용했다.

사육제 때는 무슨 짓을 해도 괜찮았다. 교회의 율법도, 신부의 설교도 이 때만큼은 공염불이었다. 남녀노소 없이 세상을 번쩍 치켜들고 벌컥벌컥 마셔버릴 듯 기세등등하게 놀았다. 단 며칠 동안이었지만 아무하고나 뒤엉키고, 함부로 욕지거리를 내뱉고, 술독에 머리를 빠뜨리고 드렁드렁 코를 골아도 말썽이 나지 않았다. 새빨간 거짓말을 해도 뒤탈이 없었다. 금식을 하면서 꾹꾹 눌러 참았던 것들을 죄다 풀어내고, 잠시나마 지상의 천국을 만끽했다.[23]

인간의 근본적 욕망이 넘실대는 카니발의 무질서함을 묘사한 작품으로 프랑스 소설가 프랑수아 라블레의 《가르강튀아》가 있다. 이름 높은 술꾼과 매독 환자를 위해 바친다는 선언이 전제된 이 심상 찮은 소설은 카니발 기간 중에 가르강튀아의 엄마 가르가멜이 '미친 듯이' 쇠똥 껍데기 요리를 먹다가 거인 가르강튀아를 낳는 장면으로 시작한다. 라블레의 작품을 깊이 있게 연구한 러시아 철학자 바흐친Mikhail M. Bakhtin의 표현을 빌리면, 카니발에서는 모든 사람이 평등했고 계급에 따라 분리되어 있던 사람들 사이의 거리낌 없는 접촉이 이뤄졌다.[24]

모든 금기가 가능하고 모든 위계질서가 전복되는, 유혹적인 진미

〈사육제와 사순절의 싸움〉(1559)

16세기 네덜란드의 풍속화가 브뤼헐이 그린 이 그림에는 사육제와 사순절
장이의 싸움이라는 제마있는 별명도 붙어 있다. 막고 마시고 홍청거리는 사육제와
금욕 절제의 시간인 사순절을 의인화해 대비한 것이다. 소시지는 사육제의 가톨릭
배불리는 창이는 사순절의 소박한 마을거리를 상징한다.

와 주지육림이 허락되는 짧은 시간이 끝나면 상황은 돌변한다. 40일에 이르는 사순절에 돌입하면 육류는 물론이고 유제품도 먹을 수 없다. 물과 밀가루, 소금만 넣은 간단한 빵 따위로 끼니를 때워야 하는데, 그 빵이 바로 프레첼이다.

프레첼을 사순절에 먹게 된 것은 400년경부터다. 고대 기독교인이 사순절 '대금식' 기간에 먹기 위해 고안했는데, 금식 기간에 먹는 빵이니만큼 들어가는 재료도 소박해야 했고 빵 모양 역시 거룩하고 경건한 시기에 합당해야 했다. 프레첼의 모양을 보면 숫자 8 혹은 하트를 찌그러뜨린 것 같은데, 실제로는 양손을 모으고 기도하는 팔 모양을 본떠 만들었다고 한다. 흔히 기도하는 모습이라고 하면 두 손을 가지런히 모아 손바닥을 붙이거나 손깍지를 끼는 자세를 떠올리게 마련이지만, 고대 기독교인은 양팔을 교차해 손을 반대편 어깨에 대고 기도했다. 비잔틴 예식을 따르는 기독교인은 오늘날에도 그런 식으로 기도한다고 한다. 그래서 라틴어로 '작은 팔들'이라는 뜻의 '브라켈라이bracellae'에서 독일어 '브레첼brezel'이 나왔고, 이는 오늘날의 '프레첼'로 이어졌다. 즉 기도하는 팔이 빵 모양과 이름의 유래가 된 것이다.[25]

위키피디아 등의 인터넷 백과사전에는 7세기경 북부 이탈리아 혹은 남프랑스에서 수도사가 기도문을 잘 암기한 어린이에게 상으로 주기 위해 만들었다는 이야기도 나온다. 역사적으로 정확한 유래가 밝혀진 것은 아니지만, 기도와 관련이 있다는 것만은 분명해 보인다.

프레첼이 사순절을 대표하는 음식이었다는 것을 보여주는 자료가 있다. 16세기 네덜란드의 풍속화가 브뤼헐Pieter Brueghel이 그린 〈사육제와 사순절의 싸움〉(1559)이다. 그림에는 '사육제 소시지와 사순절 청어의 싸움'이라는 재미있는 별명도 붙어 있다. 먹고 마시고 흥청거리는 사육제와 금욕, 경건, 참회의 시간을 의미하는 사순절을 의인화해 대비한 것이다. 소시지는 사육제의 기름진 먹을거리를, 청어는 사순절의 소박한 먹을거리를 상징한다.

그림을 보면 어느 도시의 광장에서 정신없이 돌아가는 난장이 펼쳐진다. 가운데 아랫부분을 보면 핵심이 되는 '대치 상황'을 알 수 있다. 빨간 바지를 입고 술통 위에 앉은 뚱뚱한 남자가 있는 왼쪽 진영이 사육제, 그리고 그와 대결하는, 즉 푸른 옷에 흰 두건을 걸친 마른 사람이 있는 오른쪽이 사순절을 나타낸다. 뚱뚱한 남자 쪽을 보자. 손에 든 꼬챙이에 고깃덩이가 여럿 꿰어져 있는데, 자세히 보면 돼지머리도 있다. 이 남자의 머리 위에도 큼직하고 두툼한 고기 파이가 얹어져 있다. 허리춤에는 고기를 잡을 때 사용하는 것으로 보이는 칼을 차고 있다. 그 뒤쪽에는 노란색 옷을 입은 남자가 술잔을 들고 있고, 또 그 뒤에는 빵이며 먹을거리가 담긴 큼직한 쟁반을 머리에 인 사람이 따라온다. 주변엔 먹고 버린 고기 뼈가 나뒹군다.

반대편은 무척 대조적이다. 비쩍 마른 사람이 고기 꼬치를 향해 대항하듯 내민 길쭉한 막대기 끝에는 가느다란 생선 두 마리가 놓여 있다. 청어다. 사순절에는 고기를 먹지 않는 대신 생선을 먹던 전통을 고기와 대비해 보여준다. 비쩍 마른 남자가 타고 있는 붉은 수레 위 그리고 근처에 서 있는 여성의 앞치마 자락에 걸려 있는 것은 사순절의 빵 프레첼이다. 사육제와 사순절, 이 대결의 승자는 누구일까?

이에 앞서 사육제와 사순절의 싸움은 또 있었다. 음식 문화사 연구의 권위자로 꼽히는 질리언 라일리Gillian Riley가《미식의 역사》에서 사육제와 사순절의 싸움을 소재로 한 작품을 소개한다. 1330년 스페인의 사제 후안 루이스Juan Ruiz가 쓴《좋은 사랑의 이야기》다. 이 작품에는 사육제를 대표하는 육욕의 왕 돈 카르날과 사순절을 상징하는 금욕의 여왕 도나 쿠아레스마가 전쟁하는 장면이 묘사돼 있는데, 돈 카르날이 거느린 군대 진용이 대단하다. 아마도 당시 사육제 때 먹었을 법한 육류 요리가 총동원된 것 같다. 커다란 도마를 방패삼은 닭, 자고, 오리, 거세한 수탉, 뚱뚱한 거위와 토끼, 양고기, 돼지 족발, 햄, 소금에 절인 쇠고기, 비프스테이크, 새끼 염소, 새끼 돼지, 구운 치즈, 적포도주, 꿩, 공작 등이 돈 카르날을 위해 싸운다. 하지만 돈 카르날은 도나 쿠아레스마에게 패한다.

16세기 종교개혁 이후 사순절 전통이 약화되면서 프레첼은 종교적 음식이라기보다 서민의 일반 음식으로 자리를 잡았다. 17세기 네덜란드의 화가 욥 베르크헤이더Job Berckheyde가 그린 〈빵 굽는 사람〉이나 얀 스테인Jan Steen의 〈빵장수 부부〉를 보면 빵집 앞에 주렁

프레첼

프레첼을 사순절에 먹게 된 것은 400년경부터다. 금식 기간에 떡는 빵이나 만큼 들어가는 재료도 소박해야 했고, 빵 모양 역시 가축하고 경건한 시기에 합당해야 했다. 프레첼의 모양은 팔 모양을 본떠 만들었다고 한다. 프레첼의 팔짱 모양은 기도하는

183

주렁 걸린 프레첼이 눈에 들어온다.

독일 남부 지역을 중심으로 확산된 프레첼은 현재 독일을 대표하는 빵이 됐다. 가톨릭대학교 전례학 교수인 윤종식 신부는 "초기에는 종교적 의미를 가진 음식이었지만, 이후 독일 남부 지역을 중심으로 확산되면서 지역적 특징을 갖는 일반 음식이 됐기 때문에 현재는 종교적으로나 전례용으로 사용하지 않는다"라고 말한다.

프레첼이 세계적으로 대중화된 것은 미국에서다. 독일, 네덜란드, 스위스 등지의 신교도가 미국으로 이민을 가면서 프레첼도 함께 가져갔다. 소박한 빵 프레첼은 낯선 땅에서 새로운 삶을 시작하던 이들을 결속하고 위로하는 '영혼의 음식'이었다. 이들이 주로 정착해 뿌리를 내린 곳은 펜실베이니아다. 이 때문에 이들의 자손을 '펜실베이니아 더치Pennsylvania Dutch'라 부르고, 프레첼은 펜실베이니아를 대표하는 음식으로 꼽힌다. 원래 밀가루 반죽에 소금으로만 간을 했던 소박한 빵이었지만, 미국에서는 유럽과 달리 초콜릿이나 치즈, 크림, 시럽 등 각종 부속 재료를 넣거나 소시지를 끼워 먹는 등 다양하게 활용된다. 뉴욕의 길거리에서 가장 흔하게 볼 수 있는 간식 중 하나일 뿐 아니라, 축제나 행사장에서도 많이 파는 음식이다. 초기의 모습과 달리 달고 짜고 기름진 맛으로 변하면서 정크 푸드로 취급받기도 한다.

프레첼이 한때 국제 뉴스 면을 장식하며 화제가 된 적이 있다. 2002년 당시 미국 대통령 부시가 어느 일요일 저녁 미식축구 중계를 보면서 프레첼을 먹다가 목에 빵조각이 걸려 실신하는 소동이 벌어진 것이다. 이를 두고 테러를 벌인 과자니, 빵조각이 부시 암살을 시도했다느니 하며 호사가의 입방아가 이어졌다. 이튿날 언론에 등장한 부시 대통령의 얼굴엔 졸도할 때 부딪힌 것으로 추정되는 멍 자국이 있었다. 당시 그는 "프레첼은 늘 잘 씹어 삼켜야 한다는 엄마 말씀을 잊었다"라는 농담으로 '실신 소동'을 마무리했다.

사찰음식의 끝판왕, 수륙재 상차림

음식은 수행을 돕는 최소한의 방편이라는 것이 불가의 정신이다. 자연히 화려하거나 과도한 상차림과는 거리가 멀 수밖에 없는데 온갖 진수성찬이 오르는 상차림이 있으니, 바로 수륙재水陸齋 상차림이다.

수륙재는 왕이 주도하는 것으로, 물과 육지의 외로운 영혼들을 도량에 모셔 장엄하게 불법과 음식을 베푸는 최고의 불교 의식이다. 중국 양梁나라의 무제武帝가 최초로 열었으며, 우리나라에서는 고려 광종 때 시행했다. 숭유억불 정책을 내세운 조선 태조 이성계도 진관사를 수륙재 봉행 사찰로 지정했다. 진관사의 국행 수륙재는 현재 무형문화재 제126호로 지정돼 있으며, 600년째 그 전통을 잇고 있다.

진관사 수륙재는 매년 늦여름부터 가을까지 49일 동안 일곱 차례 재를 지내는 것으로 구성된다. 이 가운데 하이라이트는 마지막 이틀간 치러지는 칠재七齋다. 산 자와 죽은 자가 모두 부처님의 가르침을 깨닫고 그 공덕을 나누며 행복과 위안을 얻는다는 취지를 담고 있다. 보통 10월 중순에 지내는 칠재 때 진관사 대웅전 앞에는 큼직한 제사상과 다양한 음식이 차려진다. 여기엔 어떤 음식이 오를까?《세종실록》의 1420년(세종 2) 9월 22일 자 기록을 보면 다음과 같다.

나라에서 재 올리는 물품은 찐 밥 서른 동이와 유과 아홉 그릇과 두부탕 아홉 그릇과 정병淨餠 아홉 그릇과 정면淨麵 아홉 그릇과 과일 아홉 그릇과 좌우 병의 꽃이 여섯 가지인데······.[26]

진관사에서는 이 기록에 따라 수륙재 상을 차린다. 찐 밥 서른 동이에서 떡과 국수 아홉 그릇까지 그대로 재현하고, 한지와 목면 그리고 배 등 다른 공양물도 함께 올린다. 이때 찐 밥은 올기쌀로 짓는다. 올기쌀은 아직 여물지 않은 쌀을 말하는데, 완전히 여문 쌀과 비교할 때 올기쌀이 더 차진 맛이 난다. 시중에서 구하기 쉽지 않기에 진관사 측은 경기도 지역의 특정 농협과 계약을 맺어 이를 매년 조달한다. 실록에서 어떤 떡과 과일을 올렸는지는 구체적으로 지정하고 있지 않다. 이 때문에 일상에서 흔히 먹는 인절미와 무지개떡, 약식, 백설기, 증편, 절편, 흑임자편 등 다양한 떡을 올린다. 과일도 배,

수륙재

무형문화재 제126호로, 지정돼 600여 년 제 그 전통을 잇고 있는 진관사
수륙재(2017년 10월 14~15일). 수륙재 상차림은 사찰음식의 튤판왕이라 할
정도로 은갖 진수성찬이 차려진다.

사과, 감, 포도 등 제철 과일로 풍성하게 채운다.

대웅전 앞에 놓이는 주요 상에는 이 같은 음식이 차려지며, 사찰 경내에 용왕을 위한 용왕단, 사자가 타고 온 말이 쉴 수 있도록 한 마구단 등 별도의 단도 마련된다. 여기에도 음식을 올리는데, 용왕단에는 미역을, 마구단에는 콩죽을 차린다.

진관사 국행수륙재보존회의 강영철 수석 연구위원은 "봉송회향, 삼회향까지 끝난 뒤에는 스님과 신도가 모두 음식을 나누어 먹으면서 마무리한다"라고 하면서 "2011년부터 진관사 내에 범패, 법인, 장엄, 의례 연구 등으로 구성된 수륙재 학교를 설립해 스님과 일반인을 대상으로 다양한 교육을 실시하고 있다"라고 설명했다.

수륙재 이상으로 화려한 상차림을 볼 수 있는 행사는 음력 7월 15일인 백중百中 때다. 원래 백중은 풍성하게 수확한 과일과 곡식으로 조상께 제사를 지내던 전통적인 보름 명절이었다. 농촌에서는 다양한 민속놀이를 즐기는 축제가 벌어졌지만, 현재 민간에서는 그 의미나 명맥이 거의 퇴색했다. 반면 불가에서는 백중을 '우란분절盂蘭盆節'이라고도 하며, 부처님 오신 날(음력 4월 8일), 성도재일成道齋日(음력 12월 8일) 등과 함께 불교의 주요 명절로 지키고 있다. 우란분절은 사후에 고통받는 자를 위해 음식을 공양하는 의식을 올리므로 '우란분재盂蘭盆齋'라고도 한다. 우란분은 범어 '울람바나Ullambana'의 음역으로, '고통을 구원한다'는 뜻이다.

불가에서 설명하는 우란분절의 유래는 효심이 지극했던, 석가모니의 10대 제자 중 하나인 목련존자木連尊者에서 비롯했다. 불교 경전인《우란분경》에는 목련존자의 어머니가 살아생전에 죄를 지어서 죽은 뒤 아귀도에 떨어져 고통을 받을 때, 목련이 그 어머니의 영혼을 구하고자 석가모니에게 애원했다는 이야기가 나온다. 7월 15일 쟁반에 오미백과五味百果*를 담아 시방대덕十方大德**에게 공양하여 그 어머니의 영혼을 구제했다는 것이다.[27]

불교에서 음력 7월 15일은 하안거夏安居를 끝내는 날이다. 목련존자는 하안거를 끝내는 날 모인 500명의 수행 대중에게 공양을 했고, 공양을 받은 그들이 함께 축원을 하면서 목련존자의 어머니의 영혼은 고통에서 벗어났다는 것이다.

이 같은 불가의 기념일은 전통 농경사회와 결합되어 오랫동안 부모에게 제사를 지내는 명절로 굳어져 내려왔다. 불교가 탄압을 받았던 조선시대를 거치면서 민속 명절로서의 성격이 강해졌다. 그러다 보니 이를 지칭하는 한자 표기도 여러 가지다. 대부분 명절의 의미를 담아 '백중百中'이라고 쓰지만, 불교적 의미가 더해져 '백중百衆'이라고도 표기한다. 대중에게 공양을 하며 의식을 치렀다는 의미다. 또 '백종百種'이라고도 하는데, 이는 100가지 열매와 곡식, 채소를 차린 데서 나온 표기다. 조선 중기 성현이 쓴《용재총화慵齋叢話》

---

* 다섯 가지 맛의 100가지 과일이라는 뜻으로, '모든 과일'을 말한다.
** '전 우주의 덕망이 높은 스님'이라는 뜻.

에도 100종의 꽃과 과일을 모아 바치고 죽은 부모의 신령을 불러 제사한다는 표현이 나온다.

그렇다면 백중 상차림에는 정말로 100가지 음식을 올렸을까? 사찰음식 전문가인 대안 스님은 "해당 지역에서 나는 제철 재료를 활용해 나물과 전을 일곱 가지씩 올리고 과일, 햇곡식, 과자를 차리는 등 비교적 화려한 편이다"라면서도 "성철 스님이 계시던 시절 백련암에선 차 한 잔만 올렸다"라고 말하기도 했다.

충청남도 공주 갑사에서 우란분재에 올린 음식은 여든여섯 가지나 된다고 한다. 죽만 해도 열두 가지였으며, 나물과 전, 김치는 일곱 가지씩, 장아찌와 장은 각기 여섯 가지씩이었다. 또 부각 네 종, 탕 두 종, 묵과 두부도 올렸다. 음료는 여섯 가지였으며, 과일은 열 가지, 과자는 무려 열여섯 가지였다.[28]

성경에는 아몬드, 올리브, 알로에가 없다?

기독교 신자가 흔히 새해가 되면 하는 결심이 있다. 성경 통독이다. 창세기부터 시작해 요한계시록까지 성경 전체를 1년에 한 번은 읽겠다는 생각이다. 창세기, 출애굽기까지는 그럭저럭 넘어가지만 그다음 레위기에서 십중팔구 포기하게 된다. 창세기와 출애굽기는 서사가 있어서 어느 정도 따라갈 수 있지만, 레위기는 당시 유대인의 율법과 온갖 복잡한 규정을 늘어놓은 것이라 도무지 재미가 없다. 글자를 읽긴 하는데 머릿속에는 전혀 입력이 되지 않는 것이다.

　내용도 내용이지만 특히 거리감이 느껴지게 만드는 것은 실생활과 동떨어진 한자어 혹은 예전 방식으로 음차 표기한 외국어 단어 때문이다. 수십 년간 우리나라의 여러 교회가 사용해온 '개역한글판' 성경은 난해한 한자어투성이다. 1990년대 초반 번역된 '새번역' 성경은 그럭저럭 알아볼 수 있는 부분이 많아졌지만, 예전 번역본은 지금은 사용하지 않는, 20세기 초반에나 사용했음 직한 예스러운 단어나 표현이 정말 많다.

애굽, 바사, 구스. 이건 무엇을 가리키는 말일까? 성경에 나오는 나라의 이름이다. 애굽은 이집트, 바사는 페르시아, 구스는 에티오피아다. 이런 식으로 실제와는 동떨어진, 외국어를 한자로 음역해 사용하다 보니 읽어도 전혀 와 닿지 않고 이해도 되지 않는다. 지명뿐 아니라 사람 이름, 일반명사도 마찬가지다. 다음의 성경 구절에도 몇 가지 생소한 단어가 등장한다.

> 그 사람에게 예물을 삼을지니 곧 유향 조금과 꿀 조금과 향품과 몰약과 비자와 파단행이니라. (개역한글판 성경, 창세기 43:11)

유향, 향품, 몰약은 뜻은 잘 몰라도 그럭저럭 들어본 적이 있는 것 같은데, 맨 마지막에 나오는 파단행은 금시초문이었다. 좀 더 현대어로 번역된 성경을 보면 다음과 같이 나온다.

> 그 사람에게 선물로 드리도록 하여라. 유향과 꿀을 얼마쯤 담고, 향품과 몰약과 유향나무 열매와 감복숭아를 담아라. (새번역 성경, 창세기 43:11)

파단행에서 감복숭아로 바뀌었다. 하지만 여전히 무슨 말인지 이해하기 어렵다. 그런데 영어 성경을 찾아보니 답은 아몬드였다. 그리고 비자 혹은 유향나무 열매라고 하는 것은 피스타치오다. 쉬운 말을 왜 저렇게 어려운 단어로 설명했을까?

우리나라에 번역된 성경, 특히 개역한글판의 근간은 조선 말기에 맞닿아 있다. 당시 성경은 여러 언어를 거쳐 국내에 번역됐고, 특히 외래어는 한자식으로 표기해 사용하던 말이 수십 년간 이어져 내려왔다. 말하자면 지금도 성경에 남아 있는 애굽(이집트)이니 바로(파라오)니 하는 명칭은 구한말 통용되던 말인 셈이다.

따지고 보면 지금이야 아몬드, 피스타치오 하면 누구나 알지만, 그 시절엔 전혀 듣도 보도 못한 생경한 이름이었을 것이다. 그 때문에 한자에 의존해 파단행 같은 단어를 쓸 수밖에 없었던 상황이 이해는 된다. 하지만 1990년대에 번역된 성경에도 아몬드 대신 감복숭아가 사용된 것은 좀 의아하긴 하다.

성경에 무화과나 포도나무처럼 많이 등장하는 나무가 있으니, 바로 감람나무다. 시편에서는 어린 자식을 귀하고 복되게 일컬을 때 '감람나무 같다'고 표현하기도 한다. 익숙한 말이지만 실제로는 어떤 나무인지 전혀 알 턱이 없던 나는 10대 시절 교회에서 만난 한 덕망 높은 어른에게 이 나무가 무엇인지 물어본 적이 있다. 그러자 건조한 지역에서 나는 감의 일종이라며, 그분 나름대로 이론을 곁들여 장황하게 설명해주셨다. 서아시아 지역에서 나는 감의 일종. 정말 나는 10여 년간 그런 줄 알았다. 그런데 어느 날 영어 성경에서 이 감람나무가 올리브로 표기되어 있다는 사실을 발견했다. 내게 그

발견은 큰 충격이었다. 그동안 성경을 읽는다고 읽었고 성경에 대한 상식도 꽤 있다고 생각했는데, 형식과 겉포장에만 익숙했을 뿐 내용은 제대로 아는 게 없다는 자각 같은 것이었다고나 할까. 그렇다고 이후 대단한 각성과 변화가 있었다는 이야기는 아니다. 그저 영어 성경을 꾸준히 읽어보겠다는 다짐 정도를 했을 뿐이다.

오랫동안 신앙생활을 하신 분 중에도 의외로 이 감람나무의 정체를 잘 모르는 분이 많다는 사실을 알게 됐다. 내가 다니던 교회는 2010년 즈음 개역한글판 대신 새번역 성경을 사용하기로 했다. 이 번역본에는 감람나무가 아니라 올리브나무라고 표기돼 있다. 예배 시간에 "예수께서는 올리브산으로 가셨다"라는 성경 구절을 교인들과 함께 읽은 적이 있는데, 유독 그날에야 "지금까지 교회에 다니면서 감람나무가 뭔지 오늘 처음 알게 됐다"라고 '증언'하는 교인이 여럿 있었다.

감람나무의 실체를 발견한 '충격' 이후 나는 틈이 날 때마다 한글 성경의 어려운 단어를 영어 성경에서 찾아봤다. 특히 구약성경 당시나 예수가 살았던 시절 먹었던 식품이 지금도 있다는 것을 알게 되면 흥미롭기도 하고, 성경이 좀 더 피부에 와 닿는 것 같은 기분이 들기도 한다.

구약성경에서 아름답고 귀한 대상을 묘사하는 장면에 으레 등장하는 말은 침향이다. 침향 같다거나(아가 4:14) 침향 향기를 풍긴다거나(시편 45:8) 하는 구절을 볼 수 있다. 침향은 동남아시아나 중국에서

아몬드   피스타치오   알로에

올리브나무

올리브

우리나라에 번역된 성경의 근간은 조선 말기에 맞닿아 있다. 특히 외래어는 한자식으로 표기해 사용하던 말이 수십 년간 이어져 내려와, 듣도 보도 못한 생경한 단어들이 많이 등장한다. 이를테면 파단행(감복숭아), 비자(유향나무 열매), 감람나무, 침향 등인데 각각 아몬드, 피스타치오, 올리브나무, 알로에 등을 가리킨다.

많이 나는 한약재로 알고 있었는데, 성경에서 말하는 침향은 알로에를 일컫는다. 또 새번역 성경 마태복음서에 나오는 회향도 낯선 용어다.

> 율법학자들과 바리새파 사람들아! 위선자들아! 너희에게 화가 있다! 너희는 박하와 회향과 근채의 십일조는 드리면서, 정의와 자비와 신의와 같은 율법의 더 중요한 요소들은 버렸다. (새번역 성경, 마태복음서 23:23)

예수가 당시 율법학자와 바리새파 사람들을 책망한 내용이다. 종교적으로는 위선을 행하고 정작 중요한 것은 잊었다는 점을 꾸짖는 내용이다. 여기서 언급된 박하나 회향, 근채는 귀한 작물이었을 것으로 추정된다. 박하는 익히 아는 민트겠지만, 회향과 근채는 낯설다. NIV New International Version 영어 성경에 따르면 회향은 딜dill이고, 근채는 커민cummin이다. 킹 제임스 영어 성경에서 회향은 아니스anise로 표기된다. 네이버 백과사전을 찾아보면 이는 모두 지중해 연안에서 나는 작물로, 향신료의 일종이라고 설명돼 있다. 커민은 케밥 특유의 향을 낼 때, 아니스는 고대 이집트에서 미라를 만들 때부터 보존용 향신료로 사용됐다. 딜 역시 유럽의 주방에서 생선 요리를 할 때 많이 사용되는 향신료다.

신약성경에 나오는 내용 중 '돌아온 탕자' 이야기는 기독교 신자가 아니더라도 많이들 알고 있다. 아버지의 재산을 미리 챙겨서 집을 떠난 아들이 방탕한 생활 끝에 비참한 삶을 영위하다 아버지의 품으로 돌아오는데, 아버지는 묻지도 따지지도 않고 따뜻하게 맞아 준다는 내용이다. 여기서 아들의 비참한 삶을 표현하는 단어로 등장하는 것이 쥐엄나무다. 돼지나 먹는 열매였지만, 아들은 이것조차 배불리 먹을 수 없었다는 것이다.

> 그는 돼지가 먹는 쥐엄 열매라도 좀 먹고 배를 채우고 싶은 심정이었으나, 그에게 먹을 것을 주는 사람이 없었다. (새번역 성경, 누가복음서 15:16)

NIV 영어 성경을 보면 돼지가 먹는 콩 꼬투리pod라고 나오는데, 성서학자 중에서는 이를 구주콩나무, 즉 캐럽carob으로 보기도 한다.[29] 이 나무는 유대의 사막 지대를 비롯해 지중해 일대 여러 지역에 널리 퍼져 있다. 사람이 먹을 수도 있지만 대체로 말려서 소나 돼지의 먹이로 사용했다고 한다.《그리스인 조르바》에도 주인공이 조르바와 함께 더위를 피하기 위해 캐럽나무 그늘에 앉는 장면이 나온다.

2016년 시칠리아 남부의 작은 도시 라구사Ragusa에 갔을 때 이 나무를 곳곳에서 많이 볼 수 있었다. 바닥에 떨어져 있는 짙은 갈색의 꼬투리를 까보면 안에 콩이 들어 있다. 좀 딱딱한 편이긴 한데, 이를 입안에 넣고 사탕처럼 음미하다 보면 은근한 단맛과 고소한 맛이 나는 것이 꽤 먹을 만했다. 현지인 중에는 이를 간식으로 즐기기도 했는데, 대체로 가루로 만들어 식품으로 활용하는 경우가 더 많았다.

성경의 탕자가 배를 채우기 위해 먹던 이 열매는 아이러니하게도 현재의 다이아몬드와 밀접한 연관이 있다. 다이아몬드의 중량 단위인 캐럿carat은 캐럽에서 유래한 것이다. 캐럽나무에 열리는 꼬투리 안에는 여러 개의 열매가 들어 있는데, 모양과 크기가 달라도 무게는 0.2그램으로 일정했다고 한다. 이 때문에 고대 로마에서는 이 열매를 중량의 단위로 사용했다. 현재 사용하는 중량 단위 1캐럿도 0.2그램이다.

세계 각국의
크리스마스 빵

시중 빵집의 연간 가장 큰 대목은 크리스마스다. 설날엔 떡국, 추석엔 송편이라면, 크리스마스를 대표하는 음식은 두말할 것도 없이 케이크다. 이때를 전후해 팔리는 케이크가 연간 판매량의 20~30퍼센트에 이른다. 화려한 크리스마스트리와 따뜻한 벽난로, 거실 한쪽에 놓인 테이블 위에 풍성하게 놓인 선물과 맛있는 케이크는 종교를 불문하고 누구나 크리스마스 하면 자연스럽게 떠올릴 법한 이미지다.

기독교 전통이 오래된 서구에서는 크리스마스를 기억하고 기념하는 고유의 빵이나 케이크가 있다. 모양과 이름, 유래가 제각각인 크리스마스 빵 또는 케이크를 지역마다 갖고 있는 것이다. 대표적인 것은 독일의 크리스마스 빵이라 불리는 슈톨렌stollen이다. 파운드 케이크처럼 길쭉한 모양의 빵 위에 눈이 내린 것처럼 슈거 파우더가 듬뿍 뿌려진 모습이다. 최근 몇 년 사이엔 국내의 일반 빵집에서도 크리스마스를 앞두고 슈톨렌을 판매하는 곳이 늘어났다. '힙' 하다고 소문난 유명 베이커리에서 파는 슈톨렌은 예약하지 않으면 살 수 없을 정도로 인기를 누리기도 한다.

하얀 슈거 파우더를 흠뻑 뒤집어쓴 슈톨렌을 잘라 단면을 보면 말린 과일과 견과류가 촘촘히 박혀 있다. 럼에 절여 말린 크랜베리, 건포도, 레몬이나 오렌지 필 등 달콤하고 신맛 나는 과일에 아몬드 따위가 더해지면서 향긋함과 고소함이 입맛을 자극한다. 단단한 질감의 파운드케이크 같은 이 빵은 오랫동안 실온에 두고 먹을 수 있다. 슈톨렌의 본고장 독일에선 이 빵을 11월 말이나 12월 초에 만들어 얇게 잘라 먹으면서 크리스마스를 기다리는 것이 전통이다. 보통 3~4주간 실온에 두고 먹는다는 이야기다. 슈톨렌의 보존성이 높은 이유는 재료를 오랫동안 숙성해 만들었기 때문이라고 한다.

빵 전문가는 슈톨렌이 시간이 지나면서 조금씩 맛이 변한다고 말한다. 숙성한 과일의 풍미가 조금씩 배어들면서 빵 맛이 더 좋아진다는 것이다. 그 맛을 알고 싶어 그동안 몇 차례 실험을 해본 적이 있다. 맛이 어떻게 변하는지 알기 위해 1~2주간 매일 조금씩 일정한 양을 잘라 같은 시간에 먹어봤다. 확실히 조금 더 맛있어지는 것 같은 느낌은 들었다. 하지만 솔직히 말해 맛의 변화를 민감하게 느꼈다기보다는 먹을 빵의 양이 매일 줄어드는 데 따른 안타까움과 절박함이 깊어졌다는 말이 더 정확할 것 같다.

독일 작센주의 주도 드레스덴은 슈톨렌으로 유명한 지역이다. 이미 15세기부터 크리스마스 슈톨렌을 구웠다는 기록도 있다. 매년 크리스마스를 앞두고 슈톨렌 축제가 열리는 이곳에선 길이가 60미터에 달하는 초대형 슈톨렌을 만드는데, TV나 신문을 통해 흥미로운 해외 뉴스로 종종 소개되기도 한다.

중세에 크리스마스를 축하하기 위해 만들기 시작했다는 이 빵은 아기 예수가 누웠던 요람의 모양을 본뜬 것이라고 한다. 일각에서는 수도사의 어깨에 눈이 내린 모양을 응용했다는 이야기도 있다. 지금이야 빵을 만들 때 버터를 많이 사용하지만, 당시만 해도 대림절(크리스마스까지 4주간의 기간) 금식 기간에는 버터를 사용하지 못했기 때문에 맛이나 풍미가 지금과 사뭇 달랐을 것이다.

독일에서 슈톨렌이 크리스마스 빵을 대표한다면, 이탈리아의 크리스마스 빵은 파네토네panettone 다. 밀가루에 버터와 설탕, 견과류와 말린 과일을 넣고 잔뜩 부풀려 만든 빵이다. 파네토네의 고향은 밀라노다. 지금은 밀라노뿐 아니라 이탈리아 전역, 유럽의 다른 나라에서도 12월이면 이 빵을 쉽게 볼 수 있다. 몇 년 전 12월 초 이탈리아를 방문했을 때 밀라노뿐 아니라 로마, 피렌체 등 주요 도시 곳곳의 디저트 가게나 기념품 상점마다 요리사 모자처럼 생긴 큼직한 파네토네를 진열해놓고 판매하는 것을 볼 수 있었다.

파네토네의 유래를 알려면 중세 크리스마스로 거슬러 올라가야 한다. 파네토네라는 이름은 '파네 디 토니Pane di Toni', 즉 '토니의 빵'에서 따온 것이라고 하는데, 여기엔 두 명의 토니 이야기가 전해진다.

먼저 밀라노의 스포르차Sforza성 주방에서 일하던 하인 토니다. 크리스마스에 내놓을 디저트가 마땅찮던 상황에서 토니는 요리사가 사용하고 남은 재료를 모아 임기응변으로 큼직한 빵을 만들어 내놨는데, 이 빵이 파티에 참석한 손님들의 극찬을 받으면서 크리스마스를 대표하는 디저트가 됐다는 것이다.

또 다른 이야기는 밀라노의 귀족 우제토Ughetto와 그의 집 근처에 있던 빵집 주인인 토니의 딸 아달지사Adalgisa의 로맨스와 관련이 있다. 아달지사를 사랑한 우제토가 그녀의 마음을 얻기 위해 제빵사로 변장하고 정성껏 빵을 만들었는데, 그 빵이 그녀의 마음을 감동시켰고, 토니의 빵집까지 번창하게 만들었다는 것이다.

하지만 이탈리아의 음식 저널리스트 알레산드로 마르초 마뇨 Alessandro Marzo Magno는 이런 이야기가 "매력적이지만 풍문에 불과한 민간 설화"라며, '커다란 빵'이라는 의미의 파네토네의 흔적을 문헌에서 찾는다. 1606년 출판된 《밀라노-이탈리아어 사전》에는 파네토네가 "크리스마스에 만들어 먹는 커다란 빵"이라고 설명돼 있고, 피에트로 베리Pietro Verri의 《밀라노의 역사》(1783)에도 "크리스마스 축제 때는 커다란 빵을 먹는다"라고 기록돼 있다는 것이다.[30]

1839년 출판된 《밀라노-이탈리아어 사전》은 "달걀과 설탕, 건포

슈톨렌

독일의 크리스마스 빵이라 불리는 슈톨렌은
파운드케이크처럼 길쭉한 모양의 빵 위에 눈이 내린
것처럼 슈거 파우더가 듬뿍 뿌려진 모습이다.

파네토네

이탈리아의 크리스마스 빵이 파네토네는 밀가루에
버터와 설탕, 견과류와 말린 과일을 넣고 마지
요리사 모자처럼 전체 부풀려 만든 빵이다.

도 혹은 설태나sultana,* 아몬드 조각 등을 첨가해 만든 빵이며, 크리스마스에 먹는 것이 일반적"이라고 파네토네를 정의한다. 파네토네는 단순히 밀라노를 대표하는 빵이 아니라, 밀라노 사람의 자존심이자 자랑거리다.

밀라노는 어느 가게의 파네토네를 지지하느냐에 따라 지금도 두 편으로 나뉘어 있는데, 약간은 축구 응원에서 AC 밀란과 인터 밀란으로 나뉘는 것과도 비슷하다. 코바의 파네토네가 최고라고 믿는 사람들이 있는가 하면, 마르케시에게 월계수를 얹어주고 싶어 하는 사람들도 있다.[31]

여기서 언급된 코바Cova와 마르케시Marchesi는 지금도 현지인의 사랑을 받는 것은 물론이고, 관광객의 발길도 끊이지 않는 디저트 카페다. 나폴레옹 군대의 병사였던 안토니오 코바Antonio Cova가 1817년 문을 연 코바는 베르디, 푸치니에서 헤밍웨이에 이르기까지 당대 문화예술계 인사들의 사랑을 받았다. 2013년 루이뷔통모에헤네시LVMH가 이곳의 지분을 인수했는데, 밀라노시민의 반발을 사기도 했다. 현재 홍콩과 타이베이, 상하이, 두바이 등지에 분점이 있다. 마르케시 역시 1824년 문을 연 명소다. 2014년 프라다가 지분

* 씨가 없고 알이 길쭉한 청포도.

을 인수했다. 패션의 도시 밀라노를 대표하는 유서 깊은 두 디저트 카페의 오랜 경쟁 구도는 이제 프랑스와 이탈리아를 대표하는 패션 브랜드의 대리전으로까지 확산된 모양새다.

야곱의 팥죽과 렌틸콩

기독교 신자가 아니더라도 알 법한 성경의 내용 중에는 이삭의 아들 에서와 야곱에 관한 에피소드가 있다. 팥죽 한 그릇에 장자의 명분을 팔아넘겼다는 이야기다.

에서가 허기진 채 집으로 돌아왔을 때 마침 동생 야곱은 팥죽*을 끓이고 있었다. 그것을 본 에서는 "배가 고파 죽겠다"라면서 그 죽을 달라고 한다. 그러자 영악한 동생 야곱은 "형이 가진 맏아들의 권리를 나에게 팔면 죽을 주겠다"라고 제안한다. 그러자 에서는 두 번 생각지도 않고 곧바로 맏아들의 권리를 넘겨버린다. '당장 배가 고파 죽게 생겼는데 그까짓 장자권이 뭐 그리 대수인가' 하는 것이 에서의 생각이었다.

* 개역한글판 성경에는 팥죽, 새번역 성경에는 죽으로 나온다.

눈앞의 욕망에만 충실했던 에서, 자신이 가진 권리가 얼마나 크고 귀한 것인지 전혀 생각지 않았던 그의 어리석음은 엄청난 결과를 초래했다. 그에게 예정됐던 부귀와 명예는 고스란히 동생 야곱에게 넘어갔다. 평생을 누릴 수 있었던 복을 고작 죽 한 그릇에 팔아버린 것이다.

어린 시절 오랫동안 내 궁금증을 자극했던 것은 야곱이 쑤던 팥죽이 얼마나 대단한 요리였나 하는 점이었다. 허기에 시달리던 에서의 이성을 마비시킬 만큼 맛있는 요리였을까? 아니면 '시장이 반찬'이라는 말처럼 그냥 흔히 볼 수 있는 그저 그런 음식이었을까? 우리나라 팥죽은 그렇게 맛있는 줄 모르겠는데, 야곱이 살던 시대의 이스라엘 팥죽은 색다른 요리였을까?

한참을 잊고 지내던 중 우연한 기회에 영어 성경을 읽다가 이 부분을 보게 됐다. 팥죽에 해당하는 영어 단어는 '렌틸 스튜lentil stew'였다. 즉 렌틸콩으로 끓인 죽이나 수프쯤 되는 것이다. 우리식 팥죽은 아니지만 콩으로 쑨 죽이다. 딱히 엄청나게 맛있는 요리였을 거라는 생각은 들지 않는다.

렌틸콩은 렌즈콩이라고도 한다. 볼록한 렌즈를 닮아서 그런 이름이 붙었다고 한다. 렌틸콩은 고대 이집트 때부터 재배된 작물이다. 야곱이 살았던 시절에도 당연히 널리 재배됐으며, 많이 먹었던 식재료였을 것이다. 지금도 서아시아나 북아프리카, 인도, 서남아시아 지역에서 많이 먹는다.

렌틸콩 & 렌틸 스프

성경에서 팥죽에 해당하는 영어 단어는 '렌틸 스프'다. 렌틸콩은 렌즈콩이라고도 하는데,
볼록한 렌즈를 닮아서 그런 이름이 붙었다고 한다. 고대 이집트 벽화부터 재배된 작물로,
지금도 시아시아나 북아프리카, 인도 등지에서 많이 먹는다.

210

이집트 카이로에 있는 농업박물관에는 수천 년 전 파라오의 무덤 등 고대 유적지에서 나온 렌틸콩이 전시돼 있다. 토지가 비옥했던 나일강 인근의 이집트 땅에서는 렌틸콩이 많이 자랐으며, 이를 레반트Levant* 지역에 수출했다는 기록도 있다. 2016년 카이로의 농업박물관에 갔을 때 만난 직원으로부터 "람세스 3세가 누에콩을 나일강의 신에게 바쳤다는 기록, 이집트가 렌틸콩을 레바논 지역에 수출했다는 기록이 아직도 남아 있다", "고대의 왕과 귀족에게 사랑받았던 먹을거리일 뿐 아니라, 고기를 먹지 못하는 가난한 백성도 렌틸콩 덕분에 단백질을 섭취할 수 있었다"라는 설명을 들은 적이 있다.

아랍권 국가에 가면 야곱이 쑤었던 렌틸 스튜와 비슷할 것으로 추정되는 요리가 있다. 이 지역에서는 수프나 죽처럼 국물이 주가 되는 요리를 쇼르바shorba라고 하는데, 렌틸 쇼르바는 어느 식당에서나 쉽게 맛볼 수 있다. 아마 야곱이 만들었던 음식도 렌틸 쇼르바였을 것이다. 이집트에서는 렌틸 쇼르바라 하고, 터키에서는 초르바스çorbası, 모로코에서는 하리라harira라고 한다. 맛은 어떤 부재료를 넣느냐에 따라 달라진다. 내가 먹어본 것은 호박죽이나 팥죽, 콩죽처럼 대략 상상할 수 있는, 그다지 낯설지 않은 맛이었다.

시중에서 판매되는 렌틸콩은 갈색, 녹색, 주황색, 노란색 등 다양한데, 색은 도정 정도에 따라 달라진다. 모양을 보면 팥이나 녹두와

---

* 팔레스타인(고대 가나안)과 시리아, 요르단, 레바논 등의 지역을 가리킨다.

닮은 듯도 하다. 성경에 렌틸콩이 등장하는 대목은 창세기 외에 사무엘하, 에스겔 등이 있다. 그런데 개역한글판 성경의 사무엘하 23장 11절에서는 팥 대신 녹두라고 번역했다.

인도에서는 렌틸콩을 '달dal'이라고 한다. 콩으로 만든 요리도 달이라고 하는데, 밥이나 수프, 카레에 넣어 거의 매일 주식으로 먹는다. 유럽이나 북미에서는 샐러드로도 많이 먹는다. 이집트의 국민음식으로 일컬어지는 쿠샤리kushari에도 렌틸콩이 들어간다. 쿠샤리는 병아리콩

렌틸 쇼르바
이집트 등 아랍 지역의 웬만한 식당에서는 렌틸콩으로 끓인 죽의 일종인 렌틸 쇼르바를 쉽게 맛볼 수 있다. 아마 야곱이 만들었던 음식도 렌틸 쇼르바였을 것이다.

과 렌틸콩, 마카로니, 쌀 등을 섞어 만든 것으로, 튀긴 양파와 토마토 소스 등을 올려 섞어 먹는 이집트식 비빔밥이다.

현재 세계에서 렌틸콩을 가장 많이 생산하는 나라는 캐나다. 다음으로는 인도, 터키, 미국, 네팔의 순이다. 유엔 식량농업기구 FAO의 2016년 자료를 보면 캐나다와 인도가 전 세계 렌틸콩 생산량의 절반 이상을 차지한다.

국내에서 생소하던 렌틸콩은 몇 년 전부터 급속히 인기를 끌면서 판매량이 늘어났다. 가수 이효리 씨가 제주에 정착한 뒤 자신의 생활을 알리던 블로그를 통해 렌틸콩을 언급하면서부터다. 유명인

이 먹는다고 알려진데다 여러 미디어를 통해 슈퍼 푸드로 소개되면서 폭발적으로 수요가 증가했다. 2018년 1월 영국의 일간지 《가디언》은 렌틸콩을 세계 5대 건강식품으로 소개했다. 당시 렌틸콩과 함께 건강식품으로 소개된 것은 우리나라의 김치, 일본의 낫토 그리고 올리브오일과 요구르트다. 《타임》이나 건강 잡지 《헬스》가 선정한 슈퍼 푸드도 그때마다 국내에서 큰 인기를 끌곤 한다. 그런 모습을 보면 좀 당황스럽긴 하다. 새로운 식품이 나올 때마다 휩쓸릴 것이 아니라, 그저 우리 주변에서 나는 다양한 식품을 골고루 잘 먹으면 그게 다 슈퍼 푸드인 셈인데 말이다.

우주를 먹다,
시래기밥은 식물에 대한
예의

1970년대 우리나라 선방의 모습을 담은 지허 스님의 《선방일기》에 나오는 한 대목을 소개한다. 옛날 어느 도인道人이 계시다는 토굴을 찾아 두 스님이 발길을 재촉하고 있었다. 그런데 토굴에서 십 리쯤 떨어진 개울을 건너려고 할 때 시래기 잎 하나가 물에 떠내려 오는 것을 보았다. 그 모습을 본 두 스님은 이내 실망하고 만다. 시래기 하나 간수 못하는 주제에 도道는 어떻게 간수하겠나 싶어 발길을 되돌리려는 순간, 한 노스님이 숨이 턱에 닿도록 그 시래기를 쫓아 내려오고 있는 것 아닌가. 두 스님은 그제야 감동하며 노스님에게 가르침을 청한다.

시래기 한쪽이라도 버리지 않으려는 그 마음은 단순히 검소함과 절약의 미덕 수준에 그치는 것이 아니다. 우주 만물의 모든 것이 아무리 보잘것없더라도 그 자체로 귀하고 존중받아야 한다는 철학을 삶에서 실천하는 것이다.

불가에서 음식은 수행의 방편이다. 수행을 위해 필요한 에너지를 섭취하는 것이 먹는 것의 목적이다. 음식을 준비하는 행위 역시 수행 과정에 속한다. 이 때문에 음식 준비 과정에 사용되는 모든 식재료는 거의 버려지는 것이 없다. 사람들이 평소 먹지 않고 버리는 것도 스님의 손에선 먹을 수 있는 좋은 재료가 된다. 배추김치 밑동은 으레 도려내기 마련인데, 그 부분까지 쫑쫑 썰어 볶음밥을 만들면 식감이 좋아진다는 아이디어를 사찰음식을 하는 어느 스님에게서 얻은 기억도 있다.

1세대 사찰음식 전문가인 선재 스님의 용인 연구실을 몇 년 전 방문한 적이 있다. 그때 스님이 해주신 설명을 들으며, 자연에서 자라다가 사람의 몸속으로 들어오기까지 음식의 세계가 얼마나 거대한 섭리의 과정인지 어렴풋이 깨달을 수 있었다.

"2000원을 주고 사온 배추 한 포기의 값어치는 2000원이 아니에요. 그 안에는 땅과 바람, 물, 햇빛, 농부의 땀과 눈물과 수고까지 다 들어 있어요. 배추 하나에 온 우주와 자연이 담겨 있는 겁니다. 음식을 만드는 것도 재료의 부족함을 채우고 좋은 부분을 살려 자연의 섭리를 구현하고 생명을 이루는 수행 과정이지요. 김치만 해도 그래요. 차가운 성질을 가진 배추를 보완하기 위해 따뜻한 성질의 무와 고춧가루를 넣고, 한해살이 작물의 부족한 연륜은 수십 년 세월을 담은 간장으로 채워 맛을 내지요. 그런데 가슴 아픈 것은 요즘 요리하는 사람이 점점 많아지고 관심도 커지고 있는데, 아픈 사람도 함께 늘어나고 있다는 거예요. 음식은 생명이고 약인데 약이 아닌 것을 만드니까 그런 겁니다."

사찰음식은 전체식을 지향한다. 이는 하나도 버리는 부분 없이 모두 먹는 것을 말한다. 스님의 말씀처럼 보잘것없는 작은 식재료 하나에도 온 우주와 자연이 담겨 있기 때문이다. 먹을 수 있는 음식을 낭비하지 않을 뿐만 아니라, 식물이 제공하는 영양소를 빠짐없이 섭취한다는 의미도 있다.

대한불교조계종 한국불교문화사업단이 꼽는 사찰음식 전체식의 하이라이트는 시래기다. 대부분 버리는 무청조차 잘 다듬어 말렸다가 여러 음식에 사용한다. 필요한 것을 얻고 난 찌꺼기라고 생각되는 것에서도 최선을 다하면 쓸모를 찾아낼 수 있다는 교훈을 주는 식재료인 셈이다. 시래기를 먹는 것은 수행자를 위해 자신을 온전히 내준 식물에 대한 예의이기도 하다. 실제로 시래기는 겨울철 사찰에서 가장 많이 볼 수 있는 식재료다. 시래기밥을 지을 뿐 아니라 찜, 볶음, 국, 무침, 찌개에 두루 활용할 수 있다. 영양 면에서도 뛰어나다. 식이섬유를 비롯해 철분, 무기질 등이 풍부하다. 몇 년 전 동안거冬安居를 앞두고 뵌 스님은 "시래기는 그 자체로 수행자에게 교훈을 준다는 의미도 있지만, 실질적으로도 수행을 위해 없어서는 안 될 식재료"라고 말했다. 안거 때는 몸의 움직임이 적다 보니 장운동에 어려움을 겪게 마련인데, 시래기를 꾸준히 먹으면 자연스럽게 해결

시레기밥

사찰음식은 하나도 버리는 부분 없이 모두 먹는
전체식을 지향한다. 그리고 그 하이라이트는
시레기일 것이다. 수행자를 위해 자신을 온전히
내준 식물에 대한 예의이기도 하다.

된다는 것이다. 자연에 순응하며 건강을 지탱하려는 수행자의 의지와 지혜가 지극히 사소한 부분에까지 철저히 배어 있다는 것을 새삼 느낄 수 있었다.

앞서 소개한 지허 스님의 《선방일기》를 통해 스님들이 어떤 마음가짐으로 식재료를 대했는지, 하나도 허투루 버리지 않도록 어떻게 애썼는지를 엿볼 수 있다.

김장이 끝난 후 조실* 스님은 버린 시래기 속에서 열심히 손을 놀리고 있었다. 김장에서 손을 턴 스님들은 거들떠보지도 않는다. 조실 스님은 최악의 경우 최소한도로 먹을 수 있는 시래기를 다시 골라 엮고 있었다. 나도 조실 스님을 도와 시래기를 뒤졌다.

(……)

과묵한 조실 스님이 계속해서 시래기를 엮으면서 말을 이어 나갔다.

"어떠한 상황에서도 식물은 아껴야만 하겠지요. 식물로 되기까지 인간이 주어야 했던 시간과 노동을 무시해버릴 순 없잖아요. 하물며 남의 손을 거쳐 만들어진 식물이야 더욱 아껴야 하겠지요."

나는 침묵하면서 시래기를 뒤적일 뿐이었다. 진리 앞에서 군말이 필요할까.[32]

---

* 참선을 지도하는 직책. 사찰에서 최고 어른을 이를 때 쓴다.

사찰음식으로 유명한 수원 봉녕사에서 발간한 화보집《봉녕사 사찰음식 대향연》(2018)에 실린 한 구절을 소개한다. 식탐이 넘쳐나고 이를 부추기는 시대를 살아가는 우리가 한 번쯤 새겼으면 하는 말이다.

- 아침: 신선이 먹는 때로, 몸에 맑은 에너지를 채운다.
- 점심: 사람이 먹는 때이고, 부처님도 하루에 한 끼만 드셨다.
- 저녁: 짐승이 먹는 때이며, 해가 지고 먹는 것은 짐승의 마음을 닮아 간다고 경계했다.
- 밤: 귀신이 먹는 때이고, 귀신은 달리 표현하면 몸에 나쁜 에너지다.[33]

인도에도
<u>쇠고기</u>가 있다!

예전에 30여 명의 대학생을 대상으로 강의를 하면서 간략한 설문 조사를 한 적이 있다. 주요 종교별로 떠오르는 첫 이미지나 연상되는 단어를 생각나는 대로 적어달라고 한 것이다. 내가 개인적으로 한 것이니 공신력은 없지만 결과는 꽤 흥미로웠다. 과반수의 응답자가 내놓은 답변은 다음과 같다. 개신교는 '개독', '교회', '목사', '헌금', '예수' 등이, 가톨릭은 '교황', '성당', '마리아', '신부', '수녀' 등이, 불교는 '부처', '목탁', '절', '스님', '연꽃' 등이, 이슬람교는 'IS', '쿠란', '알라', '아랍' 등이 떠오른다고 했다.

그런데 힌두교는 응답자가 하나같이 '인도'와 '소'라고 답했다. 대중적으로 모집단을 확산해도 크게 다를 것 같지는 않다. 힌두교가 우리나라에선 흔하거나 친근한 종교가 아닌 이유도 있을 테고, 워낙 어려서부터 다양한 매체를 통해 인도와 소의 이미지가 우리 뇌리에

강하게 각인됐기 때문인지도 모르겠다. 길을 막고 앉은 소 때문에 차가 지나가지 못한 채 멈춰 서 있는 곳이 인도의 풍경이라는 이야기는 누구나 한 번쯤 들어봤을 것이다. 그러다 보니 인도와 힌두교 하면 자연스럽게 소가 떠오르는 것을 떨쳐내기란 쉽지 않다.

힌두교는 소를 숭배한다. 그러니 소를 다치게 하거나 먹는 것 역시 상상할 수 없는 일이다. 인구의 절대 다수인 80퍼센트 이상이 힌두교도인 인도는 자연히 소의 천국이라 불릴 만하다. 상당수의 주에서는 소를 도축하고 판매하는 것이 법으로 금지돼 있다.

힌두교에서 소를 숭배하는 이유는 무엇일까? 힌두교는 유일신교의 요소를 가진 다신교라고도 하고, 그 반대로 설명하기도 한다. 신 가운데 최고신으로 브라만을 꼽지만, 동시에 3억 3000만 신이 만물에 깃들어 있다고 믿는다. 그중에서도 특히 소의 몸에 많은 신이 살고 있다고 생각해 소를 신성시한다.

소가 이렇게 신성한 대상이 된 데는 실용적인 배경이 있다. 초기 힌두교 경전인 베다에는 축제에서 소를 잡아 나누어 먹었다는 기록이 나온다. 그러다가 소를 보호하게 된 것은 인도가 농경사회로 진입하면서 농사에 큰 역할을 담당하는 소의 중요성과 필요성이 커졌기 때문이다. 소는 그 어느 동물보다 농사에 요긴하다. 또 소의 몸에서 나오는 우유와 그것을 가공한 버터, 치즈, 요구르트 등은 중요한 영양 공급원이다. 이 때문에 우유를 생산하는 암소는 배고픈 농민에게 여신이나 어머니 같은 존재로 인식됐다. 그뿐만이 아니다. 소의

브라만종 소

힌두교도는 3억 3000만 신이 만물에 깃들어 있다고 믿는다.
그중에서도 특히 소의 몸에 많은 신이 살고 있다고 생각해
소를 신성시한다. 브라만종 소가 특히 숭배의 대상인데,
어깨에 혹이 있어 '혹소'라고도 불린다.

배설물은 서민이 겨울을 날 수 있는 소중한 연료가 된다. 인도에서는 쇠똥을 말려 연료로 사용하고 건축 자재로도 쓴다.

소를 향한 대중의 애착을 꿰뚫어본 당시 지배 계층 브라만은 힌두교의 확산을 위해 소의 신성을 더욱 강조했다. 그런 과정에서 힌두교는 불교 등 경쟁 종교를 제치고 인도에서 주류 종교로 자리 잡을 수 있었다.

소 중에서도 인도가 원산인 브라만종 소가 특히 숭배의 대상이다. 이 소는 어깨에 혹이 있어 '혹소'라고도 불리는데, 우유를 생산하는 암소의 지위가 가장 높다. 힌두교도에게 가장 인기 있는 신은 자비의 신 크리슈나인데, 크리슈나는 암소의 보호자다. 이 때문에 힌두교도는 암소 앞에 서 있는 것만으로도 신의 보호를 받는다고 믿었다.[34] 그러니 당연히 먹는 것은 상상도 할 수 없는 일이다. 물론 암소가 아니더라도 소를 도축하거나 먹는 것은 금지된다.

예전에 인도 사람을 만나 대화를 나누다 재미있는 이야기를 들은 적이 있다. 한때 자주 다녔던 인도 식당에서 매니저로 일하던 란디라는 친구다. 그는 "엄밀히 말하면 소를 숭배한다기보다 방치하는 것에 가깝다"라고 했다. 농사를 지을 때는 소를 열심히 이용하고 우유와 소의 배설물까지도 꼼꼼하게 활용한다. 그러다 막상 나이가 들어 더 이상 우유를 생산하지 못하거나 노동력을 제공할 수 없으면 그냥 둔다는 것이다. 어차피 집에 데리고 있어 봐야 먹이는 것도 부담스럽기 때문이다. 일종의 '유기우'가 되는 셈이다. 실제로 인도 곳곳에는 주인 없이 떠돌아다니는 소가 상당히 많다고 한다. 밤이 되어도 집을 찾아가지 않고 민가나 도로에서 어슬렁거리면서 피해를 끼치는 경우가 많아 당국에서도 골칫거리로 여긴다는 것이다. 야간에는 도로를 활보하다 교통사고를 유발하기도 한다.

하지만 소라고 다 같은 소는 아니다. 가장 지위가 높은 브라만종 소가 있는가 하면, 먹어도 되는 소도 있다. 즉 신성한 것으로 여겨지지 않는 소다. 버펄로라 불리는 물소가 그렇다. 물소는 소 취급을 하지 않으므로 먹는 것에 저항감이 없다. 물소가 이런 취급을 받게 된 것은 죽음의 신인 야마夜摩*가 타고 다닌다는 동물이기 때문이다.[35]

인도 사람은 버펄로 고기를 먹지만, 그렇다고 힌두교도가 이를 즐겨 먹는다는 말은 아니다. 인도 내에서 쇠고기 소비량은 상당히 많은데, 힌두교도가 아닌 이슬람교도나 다른 종교 신자들이 먹는다. 인도의 이슬람교도 비율은 인구의 14퍼센트 정도다. 숫자로 따지면 1억 7000만 명 이상이 쇠고기를 먹을 수 있는 셈이니 조금씩만 먹는다고 하더라도 그 양이 상당할 것이다. 실제로 인도에서 물소 도축 일은 주로 모슬렘이 담당한다.

2014년 4월 코트라KOTRA(대한무역투자진흥공사)의 인도 첸나이 무역관이 발간한 자료에 따르면, 2013년 인도의 육류 소비량 중 52퍼센트가 닭과 같은 가금육이었으며, 다음으로 33퍼센트를 차지한 것

* 염라대왕을 산스크리트어로 일컫는 말.

이 쇠고기였다. 재미있는 것은 인도가 세계에서 손꼽히는 쇠고기 수출국이라는 점이다. 물론 물소 덕분이다. 2011년 브라질, 호주, 미국에 이어 세계 4위의 쇠고기 수출국이었던 인도는 2014년부터 세계 최대의 쇠고기 수출국이 됐다.[36]

하지만 얼마 전부터 이 위상이 흔들리고 있다. 힌두 민족주의를 내세운 나렌드라 모디 정권이 소를 신성시하고 보호하는 정책을 강화하면서 관련 산업이 직격탄을 맞았기 때문이다. 보수적인 힌두교도일수록 소를 신성시한다. 특히 모디 총리는 독실한 힌두교도이자 엄격한 채식주의자인데다, 인구의 80퍼센트를 차지하는 힌두교도의 표심을 결집하기 위해 집권 전부터 쇠고기 수출에 대한 부정적 의견을 공개적으로 밝혔다. 모디 총리 집권 이후 인도의 쇠고기 수출 산업은 큰 타격을 입었다.

세계 1위를 지켜온 인도의 쇠고기 수출 산업은 급격히 쪼그라들었다. 모디 총리 집권 직후인 2014~2015년 47억 8000만 달러(약 5조 3800억 원)였던 수출액은 2017~2018년 40억 4000만 달러(약 4조 5490억 원)로 15퍼센트 떨어졌다. 같은 기간 5만 개의 정육점이 문을 닫았다. 수세기에 걸쳐 소를 다뤄온 무슬림은 일자리를 잃었다. 인도 전역에서 최소 550만 명이 축산 등 소 관련 산업에 종사하는 것으로 추정된다. 인도 13억 인구 중 무슬림은 1억 7200만 명이다. 《워싱턴포스트》는 "인도의 무슬림 소 산업 종사자들은 자신들 삶의 방식이 힌두교 우월주의를 확립

하려는 정부에 의해 왜곡되고 있다며 고통을 호소하고 있다"라고 전했다.[37]

정치적, 종교적 이유로 소 도축과 관련한 산업은 직격탄을 맞았다. 문제는 이뿐이 아니다. 비힌두교도에 대한 배척이 노골화되면서 심각한 사회문제로 확산되고 있다. 즉 쇠고기를 먹거나 관련 산업에 종사한다는 이유로 범죄의 타깃이 되는 것이다. 극렬한 힌두 민족주의에 기반을 둔 혐오 범죄다.

인도 데이터 저널리즘 매체《인디아스펜드》에 따르면 이 같은 유형의 범죄는 2012~2017년 5년간 78건 발생했다. 이로 인해 29명이 목숨을 잃었으며, 이 중 25명이 무슬림이었다. 전체 사건의 97퍼센트는 모디 총리가 집권한 2014년 이후 일어났다.[38]

치즈버거 NO!
유대교 <u>코셰르</u> 음식을
소개합니다

2018년 전주국제영화제에서 상영된 뒤 국내에서 개봉한 〈케이크메이커The Cakemaker〉라는 영화가 있다. 독일 베를린에서 파티시에로 일하는 토마스와 이스라엘 예루살렘에서 카페를 운영하는 아나트가 주인공이다. 언뜻 연결고리가 없어 보이는 이 두 사람을 이어주는 끈은 토마스의 연인이자 아나트의 남편인 오렌이다. 교통사고로 세상을 떠난 오렌의 흔적을 찾아 토마스는 예루살렘으로 향한다. 그리고 그곳에서 남편을 잃은 상실감을 극복하기 위해 카페를 연 아나트를 만난다. 바로 여기서 영화는 본격적으로 시작된다. 국가와 종교를 넘어 서로에게 다가가지만 이들은 거세게 몰아치는 상실감, 아픔과 맞닥뜨리고 만다.

감정의 깊은 여운을 남기는 이 영화에는 흥미롭고 색다른 요소가 등장한다. 침샘을 자극하고 눈을 즐겁게 하는 다양한 디저트 그리고 종교 전통에서 비롯된 독특한 식문화다. 유대인의 식문화 '코셰르'를 이 영화에서 엿볼 수 있다. 아나트의 카페는 코셰르 인증을 받은 곳이다. 코셰르 인증을 받고 유지하기 위해서는 규정과 절차에 따라 재료를 선택하고 요리를 해야 한다. 영화를 보면 상당히 까다로운 규칙을 지켜야 하는데, 그중에서도 인상적인 것은 오븐 사용 규정이다. 토마스는 아나트의 카페에서 아르바이트를 한다. 쿠키 반죽을 하고 커피며 간단한 음식을 만들지만, 오븐을 사용해서는 안 된다. 유대인이 아닌 이방인에게는 오븐 사용이 금지되기 때문이다. 토마스는 배려하는 마음으로 음식 만들기를 도우려 하지만, 오븐에 손을 댔다가 엄청나게 무안을 당한다. '도대체 저 오븐이 뭐기에' 싶은 생각이 영화를 보는 내내 들었다. 유대교를 잘 모르는 사람에게는 좀처럼 이해되지 않는 규정이다.

유대인의 안식일인 '샤바트Shabbat' 풍경도 볼 수 있다. 금요일 해질 무렵부터 이튿날 저녁까지 이어지는 안식일에 유대인은 가족끼리 모여 식사를 한다. 영화에는 함축적으로 묘사돼 있지만, 분위기나 전달되는 공기만으로도 그 권위가 상당히 무겁고 위압적으로 다가왔다. 영화 속 토마스가 느꼈을 법한 이질감과 소외감이 내게도 고스란히 전해졌다.

코셰르를 설명하기 전에 먼저 '카슈루트kashrut'를 이야기해야 한다. 카슈루트는 음식에 대해 규정한 유대인의 법이다. 육류를 도살하는 법과 먹는 방법, 섭취가 허용되거나 금지되는 음식, 먹는 시간

등 식문화에 관한 전반적인 것을 세부적으로 규정하는데, 이 같은 규정을 준수한 음식을 '코셰르'라고 하는 것이다. 그러니까 코셰르는 특정한 요리나 음식의 이름이 아니다. 카슈루트라는 율법에 따라 선택된 재료와 방법으로 조리된 음식이다. 카슈루트 규칙에 따라 만들어졌다면 코셰르 김치, 코셰르 짜장면도 가능한 것이다. 혹자는 유대인에게서 유래한 빵인 베이글이 코셰르라고 주장하기도 하지만 이는 틀린 설명이다. 베이글은 유대인에게서 유래한 음식의 종류일 뿐, 카슈루트에 따라 만들어진 베이글이라야 코셰르라고 할 수 있다.

코셰르는 히브리어 '카셰르kasher'에서 온 것으로, '적합하다fit'는 뜻이다. 음식에 관한 엄격한 규정은 유대교 경전인 토라tôrāh*에 따른 것이다. 기독교 경전인 성경에도 구약이 포함되지만 기독교는 이같은 음식 규정을 적용하지 않는다. 모세5경에 속하는 구약성경 레위기와 신명기에는 먹을 수 있는 동물과 금지되는 동물이 자세히 언급된다. 새번역 성경 레위기에는 다음과 같은 내용이 기록돼 있다.

- 땅에서 사는 모든 짐승 가운데서, 너희가 먹을 수 있는 동물은 다음과 같다. 짐승 가운데서 굽이 갈라진 쪽발이면서 새김질도 하는 짐승은,

---

* 유대교의 율법을 말하지만, 좁게는 구약성경의 모세5경, 즉 창세기, 출애굽기, 레위기, 민수기, 신명기를 말한다. 넓게는 히브리 성경 전체를 말한다. 더 나아가면 유대인의 관습, 의식 전체를 일컫는다.

모두 너희가 먹을 수 있다. (11:2~3)

- 낙타는 새김질은 하지만, 굽이 갈라지지 않았으므로 너희에게는 부정한 것이다. (11:4)

- 돼지는 굽이 두 쪽으로 갈라진 쪽발이기는 하지만, 새김질을 하지 않으므로 너희에게는 부정한 것이다. (11:7)

- 물에서 사는 모든 것 가운데서 지느러미가 있고 비늘이 있는 물고기는, 바다에서 사는 것이든지 강에서 사는 것이든지, 무엇이든지 너희가 먹을 수 있다. 그러나 물속에서 우글거리는 고기 떼나 물속에서 살고 있는 모든 동물 가운데서 지느러미가 없고 비늘이 없는 것은, 바다에서 살든지 강에서 살든지 모두 너희가 피해야 한다. (11:9~10)

이어서 새 종류며 각종 동물 중 먹지 말아야 할 항목을 구체적으로 언급한다. 신명기 14장에도 비슷한 규정이 나온다. 먹을 수 있는 것은 소와 양, 염소, 사슴, 영양, 노루, 산염소, 산양 따위다. 곤충 중에서도 메뚜기, 방아깨비, 귀뚜라미 등은 먹을 수 있다고 했다. 그런데 먹지 말라고 한 것을 보면 누가 굳이 식용으로 찾아 먹겠나 싶은 것이 대부분이다. 독수리, 백조, 펠리컨, 박쥐, 왜가리, 오소리, 토끼, 카멜레온, 모래도마뱀, 족제비, 쥐 따위다. 먹지 말라고 백만 번 금지한다고 해도 딱히 이것 때문에 스트레스를 받을 사람은 많지 않을 것 같다. 문제는 돼지다. 개인적으로 돼지를 못 먹게 한다면 도저히 자신이 없을 것 같다. 돼지를 금기시하는 것은 유대교뿐 아니라 이슬람교도 그렇다. 돼지가 부정하다는 것인데, 왜 그럴까?

다양한 문화권에서 돼지는 더럽고 부정적인 이미지로 각인돼 있다. 배설물이 뒤범벅된 진흙탕에 뒹구는 모습이 불결할 뿐 아니라 불쾌감을 준다는 것이다. 하지만 이런 생각은 편견과 오해다. 실제로 돼지는 땀샘이 없어 체온 조절을 위해 진흙탕에 구르는 것일 뿐, 넓은 장소에서 살면 눕는 곳을 철저히 구분하는 깨끗한 동물이다.

문화인류학자 마빈 해리스는 《문화의 수수께끼》에서 돼지를 금기시하는 이유에 대해 다른 견해를 제시한다. 더럽다거나 종교적인 이유가 아니라 환경적, 경제적 이유를 꼽았다. 서아시아 지역에서 돼지는 농경민에게 가치 있는 재산이라기보다는 오히려 생존에 위협적인 존재였다. 유목에 적합하지 않을 뿐 아니라, 인간과 같은 것을 먹기 때문에 경쟁자가 될 수밖에 없었다. 소나 양처럼 되새김질을 하는 동물은 인간이 먹어야 할 곡물을 나눠 먹지 않고도 고기와 젖, 노동력을 제공하지만, 돼지는 이 같은 이익을 제공하지 못할 뿐 아니라 서아시아의 기후와 생태에도 견뎌내지 못했다. 유목민 중 돼지를 많이 기르는 민족이 지구상 어디에도 없는 것은 이 같은 이유에서다. 즉 인간과 돼지의 조화로운 공존을 위협할 수밖에 없는 기후적, 생태적 조건에서 성경과 쿠란이 돼지를 정죄했다는 것이다.[39]

무엇이 됐든 식생활에 받는 큰 제약을 기꺼이 감수하면서까지 원초적 욕망을 억제하고 신앙을 유지한다는 것은 보통 일이 아니다. 존경스러울 정도다.

예전에 미국에서 1년간 살았는데, 동네 커뮤니티 센터에서 영어를 가르쳐주며 자원봉사를 하던 한 할머니와 친하게 지냈다. 내 영어가 짧고 상대방에 대해 아는 것도 많지 않은지라 그분을 만나 나눌 수 있는 이야기는 뻔했다. 날씨, 지난 주말에 뭘 했는지 같은 신변잡기, 동네 어디서 맛있는 음식을 팔고 좋은 물건을 싸게 살 수 있는지에 대한 정보, 쉬는 날 놀러 갈 만한 곳 그리고 어쩌다 뉴스에 나오는 큰 화젯거리 정도였다.

여러 번 만나 이런저런 이야기를 나누다가 나중에야 그분이 보스턴에서 오래 살다 오셨다는 것을 알게 됐다. 마음 같아서야 '역사도시' 보스턴에 대한 깊이 있는 대화를 나누며 학구적인 분위기도 내고 싶었지만, 그저 희망사항일 뿐이었다. 보스턴의 명물로 꼽히는 로브스터lobster에 관해 떠드는 것이 내가 자유롭게 표현할 수 있는 전부였다. 다행히 그분의 열정적인 반응 덕에 보스턴뿐 아니라 매사추세츠주의 다른 작은 도시의 명물 음식, 맛집 정보까지 꽤 들을 수 있었다.

그분은 보스턴에 있는 유명한 미슐랭 음식점과 로브스터 맛집을 알려주면서 꼭 가보라고 했다. 알겠다고 대답만 하기 민망했던 나는 나중에 꼭 함께 가보고 싶다며, 건강하게 오래 사셔야 한다고, 예전에 로브스터를 처음 먹으며 실수했던 이야기며, 말이 되는지 안 되는지도 모를 온갖 이야기를 주워섬겼다. 그런데 한참 내 말을 듣던 그분은 웃으면서 "내가 안내해줄 수는 있지만 함께 그곳에서 식사를 할 수는 없다"라고 하는 게 아닌가. 어리둥절한 내 표정을 본 그분은 자신이 유대인이고, 유대인은 로브스터를 먹지 않는다고 말했다. 물론 모든 유대인이 로브스터를 먹지 않거나 철저하게 코셰르를 지키는 것은 아니다. 그분처럼 종교적 신념에 따라 엄격하게 지키는 사람이 있는가 하면, 그렇지 않은 사람도 많다. 예전에 다녔던 영어 학원의 유대인 강사는 함께 삼겹살을 구워 먹으며 '날라리'라는 한국말로 자신을 소개했다.

유대교 신자는 종파에 따라 율법을 까다롭게 따지기도 하고 논쟁도 한다. 이 때문에 코셰르의 의미나 기준에 대해 세부적으로 규정한 내용을 살펴보려면 상당히 방대하고 복잡해서 힘들다. 이스라엘의 유력 일간지 《하레츠Haaretz》의 2013년 6월 25일 자 기사 〈코셰르란 무엇인가〉의 내용을 요약하면 다음과 같다.

카슈루트에 따라 준비된 음식이 코셰르다. 고기도 일반 고기를 먹을 수 있는 것이 아니라, 랍비의 감독 아래 유대인이 도축을 해야 하고, 동물의 고통을 최소화하기 위해 예리한 날을 사용해 단숨에 의식을 잃게 해야 한다. 이런 절차에 따라 도축된 고기는 피를 모두 제거한 뒤에야 먹을 수 있다. 또 고기와 유제품을 섞어 먹을 수 없으며, 이 두 가지 식품을 조리하거나 담는 도구도 각기 분리해야 한다.

고기와 유제품을 함께 먹을 수 없다는 것, 즉 고기에 치즈나 우유를 넣어 함께 요리하거나 고기와 치즈를 같이 먹지 못한다는 점은 무척 흥미로운 지점이다. 당연히 치즈버거도 안 된다. 그 근거는 구약성경에 있다. 새번역 성경 신명기 14장 21절의 "새끼 염소를 제 어미의 젖에 삶지 마십시오", 출애굽기 23장 19절의 "새끼 염소를 그 어미의 젖으로 삶아서는 안 된다"라는 구절이다. 어느 정도로 엄격한가 하면, 유제품을 담았던 그릇에 고기를 담아도 안 되고 그 반대의 경우도 안 된다. 깨끗이 씻은 다음 사용하면 되지 않느냐고 반문할 수도 있겠지만, 아예 처음부터 유제품을 담는 그릇과 고기를 담는 그릇을 따로 장만해 구분해놓아야 한다.

고기와 유제품을 섞어 먹는 대신 차례로 먹는 것은 괜찮을까? 그 것도 안 된다. 배 속에서 고기와 유제품이 섞이는 것을 방지하기 위해 먹는 시간도 간격을 두고 지켜야 한다. 고기를 먹은 뒤에 유제품을 먹으려면 몇 시간을 기다려야 한다. 고기가 소화되는 데는 시간이 걸리기 때문이다. 시간은 각 지역의 전통이나 문화에 따라 조금씩 다르다. 유제품을 먹은 뒤에 고기를 먹으려면 고기를 먼저 먹었을 때처럼 오랜 시간을 기다리지 않아도 된다. 고기에 비해 소화가 빨리 되기 때문이다. 달걀이나 생선 같은 식품은 유제품이나 고기와 함께 먹을 수 있다.

유제품과 고기를 함께 먹을 수 없다는 점 때문에 이스라엘의 맥도날드나 버거킹에서는 치즈버거를 팔지 않는다고 한다. 유대인이 많이 모여 사는 미국 뉴욕의 코셰르 맥도날드 같은 곳도 마찬가지다. 유대인이 많은 이곳에서는 코셰르 메뉴를 파는 푸드 트럭도 볼 수 있다. 유대인은 식사할 때 먹는 빵도 엄격하게 관리하고 신경을 쓴다. 고기와 빵을 함께 먹을 경우 빵에는 버터나 우유가 들어가지 않아야 한다.

치즈버거
유대교 율법에 따르면 고기와 유제품을 함께 먹을 수 없기 때문에, 유대인에게 치즈버거는 용납될 수 없는 메뉴다. 당연히 이스라엘의 맥도날드나 버거킹에서는 치즈버거를 팔지 않는다.

육류에서 피를 모두 제거하고 먹어야 하는 것 역시 율법에 따른 것이다. 피를 먹지 못하게 하는 것은 생물의 생명이 피 속에 있다고 믿기 때문이다.

생물의 생명이 바로 그 피 속에 있기 때문이다. (……) 너희 가운데 어느 누구도 피를 먹어서는 안 된다. 그뿐만 아니라, 너희와 함께 살고 있는 어떤 외국 사람도, 피를 먹어서는 안 된다. (새번역 성경, 레위기 17:11~12)

일상을 영위하는 데 필요한 식사가 이렇게 까다롭게 관리된다는 것, 게다가 이런 엄격한 문화가 수천 년간 이어져온다는 사실이 그저 놀라울 뿐이다. 유대인이라는 정체성이 오랫동안 유지되고 생명력을 유지해올 수 있었던 것은 아마도 이처럼 엄격하고 철저한 일상의 관리가 있었기 때문일 것이다.

최근 세계적으로 코셰르에 대한 관심이 증가하고 있다. 미국에 본부를 둔 정통 유대교 운동 단체 '슐루침 오피스Shluchim Office'가 2014년 발간한 자료[40]를 보면 전 세계에서 코셰르를 지키는 인구는 600만 명이지만, 서구권 식품 시장에서 유통되는 제품의 30퍼센트 는 코셰르 제품이다. 지난 10년간 성장률이 2000퍼센트에 이른다. 이처럼 성장세가 가파르게 치솟는 이유는 뭘까? 유대교 신자가 급 증해서? 아니다. 실상은 건강과 안전한 식품에 대한 세계인의 관심 이 반영된 결과다.

코셰르 식품은 율법에 따른 엄격한 공정을 거치기에 위생 면에 서 깐깐하고 까다로운, 그래서 안심하고 먹을 수 있는 것이라는 신 뢰가 있다. 건강에 대한 관심이 늘면서 종교와 상관없이 많은 소비 자가 코셰르를 선호하는 것이다. 모슬렘의 '할랄halal'도 음식에 까다 로운 규정을 적용하지만, 코셰르는 할랄의 기준을 충족할 뿐 아니라 그보다 더 까다롭다. 그래서 코셰르 식품은 건강식을 추구하는 사람 뿐 아니라 20억 명에 이르는 모슬렘도 잠재적 소비자로 두고 있다.

미국에 사는 유대인은 570만 명 정도로, 전 세계 유대인의 40퍼 센트를 차지한다. 한국식품연구원KFRI이 2017년 5월 발간한 〈코셔 식품 시장의 이해〉를 보면, 2014년 미국 내 코셰르 관련 식품 매출 액은 3050억 달러였다. 미국 식품산업 총 매출액의 21퍼센트에 달 하는 규모다. 식품 관련 전문 연구기관은 저마다 코셰르 식품 시장이 앞으로도 꾸준히 성장할 것으로 내다보고 있다.

　미국의 시장조사 업체 민텔이 실시한 설문조사 결과[4]를 보면 소비자가 코셰르 식품을 구입하는 이유(중복 응답 가능)로 '종교'를 꼽은 응답은 15퍼센트에 불과했다. '식품의 품질'(62퍼센트), '건강에 유익해서'(51퍼센트) 등 식품 자체의 우수성이 주요 매력으로 작용했다. 이 자료는 2009년 조사된 것으로 그 후 시간이 많이 지나긴 했으나 지금도 별다른 변화는 없을 것으로 예상된다. 지난 10년간 코셰르 식품 시장의 성장세가 뚜렷한 이유로, 유대교 신자 수 증가 때문이라기보다는 식품 자체의 우수성에 주목하는 소비자가 늘고 있기 때문이라는 점을 유추하는 것은 어렵지 않다.

　국내의 대형 마트에서는 코셰르 식품을 찾아보기 어렵지만, 서구의 대형 마트에는 별도로 진열된 경우가 많다. 코셰르 식품은 제품 포장에 코셰르 인증 마크가 있어 손쉽게 구별할 수 있다.

사원음식의 세 가지 스타. 정말 손님에게 통다

사원음식, 어디 가서 먹을까

술 마시면 지옥? 금주는 개종의 징표

'식욕'을 대하는 종교의 자세

신부님과 보신탕

인천 치즈, 붐모의 땅에서 기적을 일궈낸 빨가에인 신부님

코세르 카처룸 아시나요? 한국의 코세르 랍비 가정 방문기

한·중·일 삼국의 사원음식, 뭐가 다르고 뭐가 같을까

먹는 인간

수행하는 인간

교황의
요리책

2014년 여름을 뜨겁게 달궜던 소식은 프란체스코 교황의 방한이었다. 1989년 요한 바오로 2세가 방한했으니 25년 만에 가톨릭교회 최고 지도자가 다시 우리나라를 찾은 것이다. 진정성 있는 소통과 겸손한 행보, 파격과 개혁 등으로 전 세계에 감동을 안겨온 교황의 국내 방한 일정 역시 깊은 감동을 주었다. 세월호 희생자 가족을 만나고 그들을 위로하는가 하면, 희생자를 추모하는 뜻의 노란 리본을 달고 미사를 집전했다. 교황의 일거수일투족이 관심사가 됐음은 말할 것도 없다. 이후에도 프란체스코 교황에 대한 뉴스는 매번 화제를 모았다.

이듬해인 2015년 초 재미있는 뉴스가 국제 면에 소개됐다. 교황청을 경비하는 스위스 근위대의 취사병이 교황청에서 즐겨 먹는 요리와 전·현직 교황이 좋아하는 메뉴, 조리법을 담은 책을 발간했다는 소식이었다. 20대 중반의 다비트 가이서David Geisser가 쓴《부온 아페티토Buon Appetito》다. '부온 아페티토'는 이탈리아어로 '맛있게 드세요'라는 뜻이다.

스위스 근위대는 교황청의 경비뿐 아니라 교황의 식사까지 책임 진다. 노랑, 파랑, 빨강의 세로줄 무늬가 선명한 멋진 옷차림으로 근 무하는 근위대는 선발 조건도 까다롭다. 우선 독실한 가톨릭 신자여 야 하고, 19세 이상 30세 미만의 스위스 국적을 가진 미혼 남성이어 야 한다. 키도 최소 174센티미터 이상이어야 한다.¹ 그런데 왜 스위 스 근위대일까? 스위스 근위대가 교황청의 경비를 맡게 된 것은 16 세기 교황 율리오 2세 때부터다. 율리오 2세는 교황으로 선출되기 전 식스토 4세의 보좌관으로 있었다. 당시 그는 스위스 군대의 용맹 과 충정에 큰 감명을 받았는데, 교황 식스토 4세로 하여금 스위스의 여러 주와 동맹을 맺게 했다. 이후 율리오 2세는 교황에 오른 뒤 150 명의 스위스 병사를 데려왔다.²

책에 소개된 교황은 현재의 프란체스코 교황 그리고 전임 교황인 베네딕토 16세, 요한 바오로 2세다. 이 세 교황이 좋아했던 음식은 뭘까? 세 교황은 출신 국가가 다르다. 그래서인지 가장 좋아하는 요 리로 꼽은 것은 자국의 음식이다.

아르헨티나 출신인 프란체스코 교황이 좋아하는 음식은 아르헨 티나식 엠파나다와 페퍼 샐러드Argentine Empanadas on Pepper Salad, 소 엉덩이살요리Colita de Cuadril, 둘체 데 레체Dulce de Leche, 알파호레스

Alfajores, 피자 카바요pizza a caballo라고 한다. 모두 아르헨티나에서 전통적으로 많이 먹는, 인기 있는 음식이다.

엠파나다는 아르헨티나식 만두다. 원래 스페인 북부에서 유래한 음식이지만 지금은 아르헨티나뿐 아니라 남미 여러 나라에서 즐긴다. 밀가루 반죽에 고기나 채소, 치즈 따위로 속을 채운 뒤 껍질이 바삭해지도록 구워낸 것이다. 국내에서도 멕시코 음식점에서 쉽게 맛볼 수 있다. 둘체 데 레체는 남미 지역에서 대중적인 디저트다. 우유에 설탕을 넣고 캐러멜 색이 날 때까지 뭉근히 끓인 뒤 얼리면 달콤한 맛이 나는 디저트가 된다. 알파호레스는 일종의 쿠키인데, 샌드위치처럼 쿠키 사이에 둘체 데 레체를 넣은 것이다. 피자 카바요는 모차렐라 치즈를 얹은 도dough 위에 병아리콩으로 만든 얇은 빵을 얹어 먹는 아르헨티나식 피자다.

베네딕토 16세는 독일 바이에른 출신답게 레겐스부르크 소시지 샐러드Regensburg Sausage Salad를 꼽았다. 바이에른주의 작은 도시 레겐스부르크는 독일에서 가장 오래된 도시 중 하나다. 고대와 중세의 유산이 고스란히 보존되어 있는 이곳은 삶아 먹는 소시지인 레겐스부르거regensburger의 발상지로도 유명하다. 현재 세계에서 가장 오래된 소시지 가게도 이곳에 있다. 12세기에 영업을 시작한 것으로 알려진 '히스토리셰 부르스트퀴헤Historische Wurstküche'는 이 도시를 방문하는 사람이라면 반드시 찾는 명소다.

폴란드가 고향인 요한 바오로 2세가 좋아하는 음식 피에로기

엠파나다

아르헨티나 출신인 프란체스코 교황이 좋아하는
음식 중 하나가 아르헨티나식 만두인 엠파나다다.
밀가루 반죽에 고기나 채소, 치즈 따위로 속을 채운
뒤 겉껍이 바삭해지도록 구워낸 것이다.

소시지 샐러드 & 피에로기

독일 출신의 교황 베네딕토 16세가 좋아한 음식은 레겐스부르크 소시지
샐러드이고, 폴란드 출신의 교황 요한 바오로 2세가 좋아한 음식은
폴란드식 만두인 피에로기였다고 한다.

244

Pierogi는 폴란드식 만두다. 언뜻 보면 만두 같기도 하고 송편 같기도 한 모습이다. 끓는 물에 넣어서 익혀 먹는 것이 일반적이다. 만두소로는 고기나 채소, 치즈가 들어가지만, 블루베리 잼 등 달콤한 것을 넣기도 한다. 폴란드뿐 아니라 동유럽과 러시아 등지에서도 비슷비슷한 만두 요리를 즐겨 먹는다.

이 책에 소개되진 않았지만 요한 바오로 2세가 좋아하던 디저트가 있다. 일명 '교황의 크림 케이크Papal Cream Cake'다. 종교적 절기에 적합한 음식 레시피를 소개한 블로그 가톨릭퀴진(https://catholiccuisine.blogspot.com)에 따르면, 요한 바오로 2세는 1999년 고향 폴란드 바도비체Wadowice를 방문했을 때 학창 시절 친구와 돈을 모아 시장의 빵집에서 즐겨 사 먹던 크림 케이크가 있었다는 추억을 들려줬다. 이 케이크는 페이스트리에 커스터드 크림을 듬뿍 넣은 것인데, 교황의 언급 뒤 '교황의 크림 케이크'로 이름이 붙어 지역의 명물이 됐다. 폴란드어로는 크레모프카 파피에스카Kremowka Papieska라고 한다. 구글에서 이 메뉴를 검색하면 여러 종류의 레시피를 찾아볼 수 있다.

요한 바오로 2세는 '최초'라는 수식어가 가장 많이 붙는 교황으로도 유명하다. 최초의 공산주의 국가 출신 교황, 최초로 손목시계를 찬 교황, 군중 앞에서 저격을 당한 최초의 교황 등이 그것이다. 음식과 관련한 최초의 기록도 있는데, 커피와 빵을 먹는 전통 이탈리아식 아침 식사 대신 베이컨과 달걀로 든든한 아침 식사를 한 최초의

교황, 자신의 이름을 딴 칵테일(폴란드산 보드카가 3퍼센트가량 들어가는)을 마신 최초의 교황이다.[3]

한편 역대 교황 중에는 직접 요리책을 쓴 이도 있는데, 16세기의 비오 5세다.《교황 비오 5세의 요리 비법》이라는 책으로, 이 책에는 그가 좋아하던 후식 마르멜로 타르트를 요리하는 방법도 실려 있다.[4]

사찰음식계의 세계적 스타, 정관 스님에게 묻다

국내 사찰 가운데 가장 많은 외국인이 찾아오는 곳은 어디일까? 전라남도 장성에 있는 백양사다. 홍길동의 고향, 화려한 단풍. 장성 하면 언뜻 떠오르는 것은 이 두 가지다. 다른 지역과 비교했을 때 특별한 관광 요소가 있는 것도 아니다. 그런데도 외국인이 많이 몰리는 이유는 바로 사찰음식 체험 프로그램 때문이다. 이 프로그램을 이끄는 이는 백양사 천진암 주지인 정관 스님이다. 스님의 손길로 만들어진 음식을 맛보고 배우려는 열망에서 불원천리하고 달려오는 것이다.

정관 스님은 세계적인 스타다. 국내에서도 유명하지만 해외에서 더 유명하다. 넷플릭스의 다큐멘터리 프로그램 〈셰프의 테이블〉에 정관 스님이 소개된 것이 계기가 됐다. 스님의 이야기는 넷플릭스뿐 아니라 《뉴욕타임스》와 《가디언》에도 실렸다. 전문 요리사가 아닌,

평생을 수행자로 살아온 스님의 삶과 음식 이야기는 세계인의 관심을 끌었고, 그 덕에 지금도 세계 각지에서 방문객의 발길이 끊이지 않는다.

템플스테이 참가를 위해 방문하는 사람만이 아니다. 스님에게 요리를 배우기 위해 찾아오는 사람도 많다. 유수의 요리 학교를 졸업한 재원이나 현장에서 일하는 요리사 할 것 없이 국적을 불문하고 스님에게 가르침을 받기 위해 모여든다. 소박하고 자그마한 천진암에 몇 달씩 기거하며 지내는 사람도 여럿이다.

스님을 찾아오는 사람도 많지만 스님을 찾는 곳도 많다. 국내의 각종 행사는 물론이고 세계 각지에서 사찰음식을 맛보기 위해 스님을 초청하기 때문에 스님의 일정은 웬만한 아이돌 스타 못지않다. 해외에 사찰음식을 소개하러 갈 때는 수십 벌의 발우며 조리 도구, 재료를 챙겨야 해서 짐을 싸고 푸는 일 역시 달인이 됐다.

듣기만 해도 아찔한 스케줄을 소화해야 하는 상황이지만, 스님의 일상은 크게 달라지지 않았다. 매일 아침 예불을 드린 뒤 부엌에서 죽을 끓이고 나물을 무쳐 밥상을 차리는 것으로 하루를 시작한다. 함께 음식을 준비하고 찾아오는 사람에게 밥을 먹이고 치우고, 그렇게 하루가 간다. 틈틈이 묵은 그릇도 닦고 나물을 말리고 산자락에서 머위를 뜯고 텃밭도 돌본다. 가파른 비탈길에 핀 옥잠화 잎까지 예사롭게 보아 넘기지 않고 음식을 만들 때 활용하는 스님에겐 하루가 48시간이라도 모자랄 것 같다.

백양사의 정관 스님

백양사는 국내 사찰 가운데 가장 많은 외국인이 찾아오는 곳이다. 정관 스님의 손길로 만들어진 음식을 맛보고 배우려고 세계 각지에서 방문객이 발길이 끊이지 않기 때문이다. 스님은 늘 "나는 요리사가 아니라 수행자"라고 강조하는데, 음식을 통해 수행의 길을 걷는 것은 예나 지금이나 변함이 없다.

스님은 음식을 배우려는 사람에게 무엇을 가르칠까? 속세에선 날고뛰는 요리사가 이곳에 와서 무엇을 배우는 걸까? 스님의 주방엔 특별한 조리법이 없다. 그때그때 상황과 재료에 따라 달라진다. 같은 음식이어도 매번 똑같은 조리법을 사용하지 않는다. 예상치 못한 실험적 재료가 나타날 때도 있고, 양념도 달라진다. 나물을 데치는 시간도 정해져 있지 않다. 같은 재료라도 계절에 따라 상태가 다르기에 만져봐서 부드러워질 때까지 데치면 된다는 것이 스님의 방법이다. 같은 음식이라도 어떤 때는 조청을, 또 다른 때는 오미자를 넣는다. 애매하게 남은 비트 조각은 즉석에서 갈아 밀가루 반죽과 섞으면 먹음직스럽고 예쁜 연보랏빛 수제비가 뚝딱 만들어진다.

알고 있던 상식과 관성은 매번 깨진다. 정해진 법칙도 방식도 없다. 음악으로 따지면 상황에 맞게 즉흥곡을 연주하는 연주자 같다. 스님은 그런 것이 '살아 있는 요리'라고 말한다. 일사불란하게 움직이도록 시스템이 갖춰진 음식점에서 전문성을 발휘하던 요리사도 처음엔 당황하다 스님 곁에서 어깨너머로 살펴보며 이런저런 시도를 해본다.

2018년 8월 스님을 찾아갔을 때도 천진암에는 젊은 요리사 지망생 여럿이 머무르고 있었다. 이들과 나눈 대화에서 요리에 대한 스님의 철학을 조금은 엿볼 수 있었다.

"처음엔 저렇게 해서 가능할까 하는 마음이 들었어요. 그런데 모든 상황을 창의적으로 풀어내시는 모습에 감탄하지 않을 수 없었지요. 저희는 레시피나 계량에 따라 요리를 해왔잖아요. 그런데 스님은 그런 게 없어도 자연과 본질을 근본적으로 이해하고 계시니, 거기서 내공이 나오는 것 같아요."

"스님에게 요리 비법을 배우겠다는 욕심으로 왔어요. 그런데 여기서 몇 달 지내다 보니 요리를 하는 사람이 가져야 할 삶의 자세가 무엇인지 근본 문제를 고민하게 됐지요."

"식재료를 활용하는 면에서 고정 관념을 깨뜨리게 만들어주시지요. 그런 부분이 감탄스럽고 재미있습니다."

평소에도 늘 사람이 붐비는 곳이지만 장을 담그는 날이나 겨울 김장철이면 인산인해를 이룬다. 특히 김장하는 날은 유명한 요리사와 저명인사가 대거 모여드는, 요식업계의 큰 이벤트가 된다.

본의 아니게 세계적으로 유명세를 떨치게 됐지만, 스님은 늘 "나는 요리사가 아니라 수행자"라고 강조한다. 음식을 통해 수행의 길을 걷는 것은 예나 지금이나 변함이 없다. 하지만 끊임없이 들고 나는 사람, 주변에 몰려드는 사람을 보면 귀찮을 법도 한데 "배우겠다는 마음은 다 귀한 인연"이라며 언제든 넉넉히 품어준다.

공개 강의를 할 때나 주방에서 음식을 만들 때나 스님이 강조하는 것은 "모든 개체의 본질과 원리를 아는 것"이다. "모든 대상은 자기만의 고유한 특성을 갖고 있습니다. 거기서 저마다의 에너지가 나와요. 그걸 인정하고 그대로 받아들이면 아무 문제가 없지요. 그런데 산과 들에서 자라는 자연을 어디 그냥 놔두나요. 더 많이, 더 빨리

얻겠다며 사람들은 욕심을 부리지요. 식물만이 아니라 사람에 대해
서도 마찬가지예요. 부모 자식 간에도 옭아매려 하잖아요. 결국 자
연을 대하는 것이든, 음식을 만드는 것이든, 다른 사람과 더불어 사
는 것이든 모든 것이 다 같습니다. 존재를 그대로 인정하고 받아들
이는 겁니다."

사찰음식,
어디 가서
먹을까

한 지인이 템플스테이를 다녀와서는 푸념을 잔뜩 늘어놓은 적이 있다. 사찰음식을 맛보기 위해 템플스테이에 참가했는데 김치 말고 세 가지 반찬밖에 안 주더라는 것이다. 그는 "사찰음식을 다룬 다큐멘터리나 사진에 나오는 화려하고 예쁜 음식은 도대체 어디 가면 먹을 수 있느냐"라며 불만스러워했다. 그러자 같이 있던 사람들이 "그럴 거면 사찰음식 전문점엘 갔어야지" 하며 핀잔을 놓는 바람에 그는 본전도 못 건지고 말았다. 그럼에도 그는 내심 이해할 수 없다는, 그래서 억울하다는 표정을 한동안 짓고 있었다.

최근 몇 년 새 사찰음식이 화제가 되면서 일반인의 관심도 늘고 있다. 그런데 여기에 묘한 착각이 섞여 있다. 사찰음식을 건강에 좋은 식물성 재료를 사용하되, 무심한 듯 세련된 고도의 테크닉으로 화려하고 창의력 돋보이게 차려낸 고품격 건강 요리쯤으로 생각하는 것이다. 속세에서 흔히 접할 수 없는 재료와 요리법도 있고, 음식을 만드는 사람에 따라 기발한 창의력을 발휘할 수도 있다. 채식과 건강 요리라는 것은 맞겠지만, 화려한 꾸밈새나 독특한 맛을 기대한다는 것 자체가 사찰음식을 잘못 이해한 것이다. 사찰음식은 기교를 부려 만드는 것이 목적이 아니라, 수행자의 삶에 도움이 되는 일상의 먹을거리를 얻고 섭취하는 수행의 방편이다.

몇 년 전 만난 한 스님은 꽤 불편한 심경을 내비쳤다. 사찰음식으로 꽤 명성을 얻은 분이었다. "우리 전통의 식문화이자 귀한 유산인 사찰음식에 대해 더 많은 사람이 관심을 갖는 것은 반갑지요. 그런데 간혹 수행자인 스님을 요리사로, 사찰을 일반 음식점으로 생각하고 대하는 사람이 있어요. 음식을 통해 수행의 방편을 삼는다는 본질 대신 독특하고 화려한 겉모습만을 탐하는 겁니다."

물론 특별한 행사를 위해 화려하고 다채로운 음식이 한꺼번에 차려질 수는 있다. 많은 사람에게 효과적으로 보여주기 위해 준비된 행사에선 그럴 필요도 있다. 계절의 변화에 따라 자연에서 나는 식재료를 얼마나 다양하게 활용하는지, 시중의 조미료를 사용하지 않고도 같은 재료를 얼마나 새롭게 해석하는지를 한자리에서 살펴보자는 차원에서일 것이다. 그러나 매 끼니를 그렇게 차려서 먹는 곳이 있다면 그건 수행 공동체가 아닌, 탐식 공동체라고 해야 하지 않을까.

1세대 사찰음식 전문가이자 대가로 꼽히는 선재 스님을 몇 번 뵌

적이 있다. 스님의 손맛을 맛보는 호사도 여러 차례 누릴 수 있었다. 젓갈 대신 수십 년 된 간장을 사용해 담근 호배추김치와 투박한 보리밥, 호박을 넣은 된장찌개 등. 주방 한구석에서 양푼에 밥을 넣어 대충 비벼 먹는데도 그렇게 꿀맛일 수가 없다. 도대체 무엇 때문에 이렇게 맛이 있는가 싶다. 비법을 묻자 스님은 "배추 한 포기에도 온 우주와 자연이 담겨 있다", "음식은 자연의 섭리를 구현하고 생명을 이루는 수행 과정"이라고 강조한다.

선재 스님이 쓴 여러 책 중 최근에 나온《당신은 무엇을 먹고 사십니까》에는 그동안 스님이 설파해온 사찰음식의 정의와 방향성이 잘 정리돼 있다.

예로부터 불가에서는 나와 가까운 자연의 것을 취해 약으로 사용해왔다. 내가 사는 지역에서 생산되는 농산물들이 내 몸에 가장 좋다. 지역에서 나는 농산물을 이용하거나 농산물 이동 거리가 짧은 먹을거리를 먹자는 로컬 푸드 운동 또한 이미 부처님 시대에 있었던 것이다.

욕망을 다스리려면 제일 먼저 음식에 대한 절제, 비움이 있어야만 한다. 음식을 욕망이나 맛으로 먹지 않으며 몸을 살찌게 하기 위해 먹지 않는다. 다만 몸을 유지하기 위해 먹으며 도를 닦는 데 도움이 되게 하기 위해 먹는다. 이는 부처님의 가르침이며 오늘날 사찰음식이 궁극적으로 추구하는 목표다.[5]

서울 안국동 한국사찰음식문화체험관

사찰음식으로 명성이 높은 진관사의 장독대

256

사찰음식에 호기심이 생긴다면 쉽게 찾아갈 수 있는 곳이 몇 군데 있다. 조계종 산하 한국불교문화사업단이 운영하는 사찰음식 교육관 향적세계(서울 견지동)나 한국사찰음식문화체험관(서울 안국동) 등이 그런 곳이다.

실제로 사찰을 찾아가 체험해보고 싶다면 조계종에서 지정한 특화 사찰이 있으니 템플스테이나 자체적으로 마련한 강좌를 이용해보는 것도 좋다. 사찰음식 특화 사찰은 다음과 같다. 서울 진관사·법륭사, 대구 동화사, 대전 영선사, 광주 무각사, 경기도 수원 봉녕사, 남양주 봉선사, 평택 수도사, 경상북도 의성 고운사, 예천 용문사, 경상남도 산청 금수암·대원사, 양산 통도사, 전라남도 장성 백양사, 강진 백련사 등이다. 서울 수서동 비구니회관에 있는 법륭사는 지하철역과도 가까워 접근성이 좋다.

열다섯 개의 사찰 중 사찰음식 체험이 포함된 템플스테이 프로그램이 있는 곳은 진관사, 백양사, 봉선사다. 템플스테이 프로그램이 없는 다른 사찰도 자체 강좌가 마련돼 있기 때문에 사찰음식을 배울 수 있다. 광주 무각사는 경내에서 사찰음식점을 운영한다.

특화 사찰로 언급되지는 않았지만 오랫동안 사찰음식으로 이름을 날린 곳도 있다. 경상북도 김천 청암사, 청도 운문사, 울진 불영사, 안동 봉정사 등이다. 2013년 미국 라스베이거스에서 열린 미식축제에서 유명 요리사 토머스 켈러를 만났을 때 "한국에서 왔다"라고 하자 그는 "한국의 청암사에 가봤다"라면서 자신의 스마트폰을 꺼내 방문 당시 찍었던 사진을 보여주기도 했다.

사찰음식의 가치가 주류 무대에서 인정받게 된 것은 사찰음식 전문점인 '발우공양'이 미슐랭 음식점에 선정된 것과도 무관치 않다. 세계 최고 권위의 음식점 평가 안내서인 〈미슐랭 가이드〉는 2016년부터 우리나라에서도 미슐랭 음식점을 선정해왔다. 조계종이 운영하는 발우공양은 3년 연속 미슐랭 1 스타에 선정됐다. 상당히 비싼 가격이지만 예약이 좀처럼 쉽지 않을 만큼 인기를 누리고 있다.

술 마시면 지옥?
금주는
개종의 징표

지금은 많이 퇴색했지만 한때 개신교인을 구별하는 지표로 통용되던 것은 술이다. 교회 다니는 사람은 술을 마시지 않는다는, 즉 금주가 개신교인의 상징처럼 사회적으로 인식됐다. 교회 내에서는 '술 마시는 것은 죄인가', '술을 마시면 구원을 받지 못하는가' 따위의 질문이 심각한 신앙적 주제로 논의되기도 한다.

지금도 교회에서는 음주를 정죄한다. 심지어 술을 마시면 구원받지 못한다는 설교를 하는 목사도 있다. 어린 시절 그런 설교를 들을 때면 마음 한구석에서 의문이 생기곤 했다. '성경에 많이 등장하는 포도주는 술이 아닌가', '예수뿐 아니라 우리가 익히 아는 신앙적 인물도 꽤 술을 마셨는데, 그건 어떻게 되는 건가' 하고 말이다. 그래서 당시 "포도주는 거룩한 술이니 괜찮고, 맥주나 소주를 마시는 것은 죄가 되는 거예요?" 하고 목사님께 물었던 기억도 있다. 그때 들었던 답변이 지금도 기억난다. "성경에서 말하는 포도주는 우리가 생각하는 술이 아니라 포도즙이다. 옛날에 성경을 번역할 때 이해하기 쉬우라고 포도주라 번역한 것이다." 내가 다녔던 교회 성찬식에서 사용했던 포도주는 포도 주스를 희석한 것이었다. 그런 면에서 꽤 순진했던 나는 대학생이 되어서도 한동안 성경에서 말하는 포도주는 포도즙의 오역인 줄 알았다.

개신교는 서구에서 들어왔는데, 유독 술을 금기시하는 것은 우리나라 개신교의 특징이다. 서구에서는 소수의 근본주의 교회를 제외하고는 술 자체가 논쟁의 대상이 되는 경우가 드물다. 서구 사람의 식탁에는 오랜 옛날부터 포도주와 같은 주류가 일상적으로 자연스럽게 놓여 있다. 포도주나 샴페인, 맥주 등 주류 양조도 오랜 전통을 자랑하는데, 술 빚는 일은 주로 수도원을 중심으로 이어져왔다.

종교개혁의 주인공이었던 루터나 칼뱅 역시 음주를 했다는 기록이 있다. 특히 루터는 맥주를 사랑하기로 유명했다. 무시무시한 종교재판이 기다리고 있던 보름스Worms 의회(1521) 출두 통보를 받은 루터에게 맥주는 큰 힘이 됐다. 루터의 친구인 브라운슈바이크-뤼네부르크 공국의 에리히 1세는 루터가 최대한 편하고 담대한 마음으로 자신을 변론할 수 있도록 돕기 위해 아인베크Einbeck 맥주 한 통을 선물로 전했다. 이에 루터는 친구에게 여러 차례 감사를 표했다. 위기를 넘기고 난 루터는 이후 고향으로 돌아와 맥줏집에서 술을 즐겨 마셨다. 그는 자신을 비판하는 종교 지도자에게 "술집에 앉

아 교회를 생각하는 편이 교회에 앉아 술집을 생각하는 것보다 낫다"라는 반박을 했다고 한다.[6]

가톨릭 사제였던 루터는 결혼도 했다. 신부는 수녀 카타리나 폰 보라Katharina von Bora다. 카타리나 역시 수도원에서 맥주양조학을 배우고 실제로 맥주를 양조하며 자격증을 취득한 브라우마이스터 braumeister[*]였다.[7]

따지고 보면 이렇듯 서구의 개신교 역사와 술은 '밀접한' 관련이 있는 셈이다. 그런데 국내에선 왜 술을 금기시하는 문화가 정착된 걸까? 정확한 경로와 과정을 알 수는 없지만 많은 기독교 역사가는 개신교가 전파되던 당시의 상황 그리고 그즈음 조선 땅을 찾았던 선교사의 성향과 특성을 통해 금주 문화의 정착 과정을 추정한다.

19세기 후반 국내에 개신교를 전파한 사람은 청교도 신앙으로 무장한 미국 남부의 장로교, 감리교 선교사였다. 미국 개신교 중에서도 보수적인 이들 교단은 생활 속에서 경건함과 금욕을 강조하고 실천했는데, 이들의 눈에 비친 조선의 서민은 술과 담배에 찌든 모습이었다. 어느 나라나 술 마시는 문화는 있지만, 그들이 보기에 당시 조선 사람은 '지나치게' 술을 많이 마신다는 것이 문제였다. 1893년 작성된 미국 감리교 한국 선교부의 기록(Official Minutes of the Korea Mission of the methodist episcopal church)을 인용해본다.

---

[*] 맥주 제조의 전 공정을 관리하는 양조 기술자.

술은 특별한 집회나 사교 모임에 필요 불가결한 것으로, 거리에 술 가게가 쌀가게보다 더 많았다. 선교부의 알코올음료 반대 활동은 1890년대부터 시작됐다. 1893년 감리교 선교부는 선교부 내에 절제위원회를 두어 한국 사회의 음주 현황을 연구하여 보고하게 했다. 술을 많이 먹으면 노동일을 못 하고 성적으로 이완되어 외입하거나 노름하고 시비 걸어 다투고 부모와 어른을 몰라보고 무례하게 행동하고 영적으로 타락하게 하는 죄악의 원인이다.[8]

조선에서는 술 마시기도 널리 유행하고 있다. 술에는 두 종류가 있는데, 하나는 흰색의 걸쭉한 액체(막걸리)이고 다른 하나는 맑고 깨끗한 약주 술이다. 이 술은 모두 쌀, 보리 혹은 밀로 만든다. 주막은 안주를 곁들여 술을 먹는 사람들로 거의 매일 붐빈다. 길거리에는 술에 취한 감상주의자들 혹은 술주정꾼들이 서로 상투를 잡아당기며 싸우는 모습을 흔히 볼 수 있다. 조선인들의 생각은 단순하다. 그래서인지 사회적으로 이루 말로 표현할 수 없는 타락 행위가 만연하고 있다. 한마디로 표현하면 조선인은 유순하고 예의 바른 이방인으로서 특이하게도 아편을 피우는 것을 제외하고는 가능한 한 모든 악습을 다 갖고 있다.[9]

선교사들은 조선 사람에게 일상화된 술 문화를 바로잡지 않고는 신앙의 순수성을 유지할 수 없다고 봤다. 그들이 보기에 술은 신앙뿐 아니라 건강과 삶의 문제에까지 심각하게 영향을 미치는 문제였다. 이 때문에 어떤 종류의 술도 마시지 않는 '금주'를 강조하며 이를 교인이 되는 중요한 자격이자 절차로 규정했다. 이처럼 금주를 강조하자 기독교인뿐 아니라 당시 조선인도 '기독교는 곧 금주'로 인식했다.

1900년 12월 창간된 개신교 잡지《신학월보》에는 음주를 금지하는 기사가 지속적으로 등장한다. 술이 육신과 영혼을 해치고 집안 살림까지 망하게 한다거나, 모든 죄의 근본이라거나, 사람을 해치는 가장 독한 음료라는 것이 주요 내용이다.[10]

금주는 강력한 사회적, 종교적 메시지를 갖는 행위가 됐다. 이 때문에 금주는 기독교인이 되는 첫걸음이자 개종을 의미하는 징표로 작용했다.《신학월보》1902년 5월호에는 기독교인으로서 변화된 삶을 살기로 결심하고 기존에 하던 술장사 대신 떡장사와 밥장사를 하기로 결심했다는 신자의 이야기도 나온다.

물론 금주를 결심하고 세례를 받은 뒤 교인이 된 것으로 끝나는 것이 아니다. 이후의 삶에서 금주를 지키는 것도 중요했다. 1911년 새문안교회 당회록을 보면 교인 가운데 술 마신 이를 어떻게 책벌했는지에 대한 기록이 있다. 다시는 술을 마시지 않겠다고 다짐하는 교인에게 기도를 해주고 권면을 한 사례가 있는가 하면, 반복적으로 술을 마신 교인에게는 석 달간 처벌을 내리기도 했다.[11]

개신교 전파 초기의 이 같은 분위기는 사회적으로도 확산됐다. 술에 취하거나 방탕한 생활에 대한 경계는 신자로서 지켜야 할 신앙생활의 실천 덕목이었는데, 일제강점기 당시의 사회경제적 상황과 맞물리면서 개인적 실천 덕목의 수준을 넘어 사회운동으로까지 발전하게 됐다.

일제의 강점 이후 조선 인구의 80퍼센트를 차지하던 농민은 소작농으로 몰락했고, 저임금에 착취당했다. 또 도시화가 진행되면서 퇴폐 문화도 확산됐다. 3·1운동 실패로 인한 좌절감은 자포자기적 향락 문화도 부추겼다. 당시 본격적으로 이뤄지기 시작한 공장 설치, 양조 공장화, 담배 살포 등은 일제의 정략과도 맞물려 있었다. 1909년 주세법과 연초세법이 발포됐는데, 1910년 16만 원이던 주세액은 1920년 376만 원으로 늘어나 전체 조세액의 10.8퍼센트에 이르게 된다. 같은 기간 연초세액도 23만여 원에서 628만 원으로 증가했다.

일제강점기에 경제적 궁핍을 극복하고 자립하려는 민족적 의지와 여기서 비롯된 물산장려운동은 개신교계가 전개해온 절제운동(금주, 금연, 공창 폐지, 소비와 절약)과 결합되면서 그 동력을 키워갔다.[12] 개신교가 주도한 금주, 금연 운동은 일본의 식민지 정책에 대한 강력한 저항이기도 했던 셈이다. 이치만 장로회신학대학 교수는 "교회에서 시작된 금주운동이 시대적 상황과 맞물리면서 사회적으로 퍼지기 시작했다", "성경에 나오는 '술 취하지 말라'는 부분이 인용되면서 당위성도 갖게 됐다"라고 설명한다.

성경에 나오는 '술 취하지 말라'는 구절은 어떻게 해석해야 할까?

술은 죄인가, 죄가 아닌가? 개신교계에서는 이 부분을 어떻게 해석해야 할지 오랫동안 논란이 분분했다. 현재는 '술 자체보다는 술에 탐닉하는 행위가 죄'라는 의견이 좀 더 설득력을 얻고 있다. 일각에선 개신교가 교회 내 세습·물신주의 등 다른 문제를 두고 유독 술에만 엄격한 잣대를 들이댄다는 비판적 지적도 있다.

우리나라 개신교가 술에 엄격한 태도를 취하게 된 것이 청교도적 성향의 선교사가 미친 영향 때문이라고는 하지만, 역사적으로 볼 때 청교도가 꼭 금주를 주장했던 것은 아니다. 구약학자인 성기문 목사는 저서 《기독교 역사 속 술》에서 다음과 같이 설명한다.

(청교도의) 음주 습관은 "술은 마시되 과음하지 않는다"라는 것이었다. 그들은 신성 모독과 부도덕, 폭력을 초래하는 주취를 반대했다. 사실 청교도들은 포도주가 아니라 맥주를 즐겼다. 또한 럼주를 신이 창조한 훌륭한 선물이라고 불렀다.[3]

개신교와 달리 가톨릭은 술을 금기시하지 않는다. 이유가 뭘까? 조성돈 실천신학대학원 교수는 "포교나 확산 당시의 시대적 배경, 계층에서 큰 차이가 있다"라면서 "개신교가 미국 선교사 주도로 국내 평민층에 포교되며 자리를 잡았다면, 가톨릭은 그보다 100여 년 앞서 서학을 공부하는 양반 사회 중심으로 자생적으로 확산됐기 때문"이라고 말한다.

한국 천주교가 발행했던 근대 잡지인 《경향잡지》 1919년 9월호를 보면 술에 대한 가톨릭의 입장을 볼 수 있다. 여기에는 "사람이 일부러 술을 많이 마셔 자기 정신을 잃게 하면 큰 죄가 된다"라고 쓰여 있는데, 이는 술 자체를 나쁜 것으로 여기기보다 '술에 취함'이 죄라는 것을 강조한 것이다.[14]

'식욕'을 대하는 종교의 자세

2017년 한 4성 장군이 세간의 입길에 올랐다. 공관병에 대한 '갑질'로 물의를 빚은 사건 때문이었다. 이후 다시금 그의 이름이 뉴스에 오르내린 것은 '초코파이 전도' 강연 영상이 공개되면서다. 《경향신문》 2017년 8월 6일 자 기사에 따르면, 그는 이 강연에서 군 복음화의 중요성을 강조하며 군 교회에서 적극적으로 초코파이 전도가 필요하다고 주장했다. 아직 신앙을 접하지 않은 병사들은 초코파이를 하나라도 더 많이 주는 종교로 가기 때문이라는 것이다.

특정인의 종교 편향 논란을 이야기하자는 게 아니다. 우스갯소리 같지만 우리나라 군 현실에서 초코파이는 종교까지 바꾸게 하는 놀라운 힘을 가졌다. 그만큼 군 생활이 고되고 힘들다는 이야기다. 입대하기 전에는 별 관심도 갖지 않았을 초코파이에 병사들이 집착하는 이유는 그들이 있는 곳이 먹고 자고 생활하는 일상의 모든 행동을 제약받는 군대라는 특수한 공간이기 때문이다. 훈련소에서 훈련을 받는 동안 특별한 군것질거리가 없는 병사들에게 이 달콤한 과자가 군 생활을 지탱하게 해주는 힘이 됐다는 '신화적 서사'는 수많은 '간증'을 통해 확산됐고, 지금도 계속되고 있다.

초코파이를 주로 나눠주는 곳은 일요일 오전에 진행되는 종교 행사장에서다. 군대 내의 교회, 성당, 사찰에서는 달콤한 이 간식을 준비해 참석한 병사들에게 나눠준다. 내 친구들이 군대에 가 있던 1990년대에도, 지금도 마찬가지다. 독실한 신앙심에 혹은 내무반을 벗어나 숨통을 틔울 수 있어서 종교 행사에 참석하기도 했겠지만, 이 초코파이가 종교 행사로 이끄는 강력한 유인책이 된다는 사실은 부인하기 어렵다. 나눠주는 초코파이 개수에 따라 매번 개종을 했다는 둥, 초코파이 덕분에 자연스럽게 신앙을 갖게 됐다는 둥 군대와 초코파이, 종교가 뒤얽힌 에피소드는 수없이 많다. 그러다 보니 앞서 언급한 4성 장군의 이야기처럼 초코파이는 전도나 포교를 할 수 있는 강력한 무기로 작용할 수 있었다.

원초적 욕구인 식욕을 제약받는 상황에 처한 사람에게 달콤한 먹을거리, 맛있는 음식은 결코 거부할 수 없는 유혹이다. 그래서 이를 전도나 포교의 수단으로 활용하는 것은 어디서나 비슷하다. 군대와 환경이 상당히 비슷한 교도소에서 벌어지는 양상도 크게 다르지는 않은 것 같다. 라스베이거스 벨라조Bellagio 호텔에서 최초의 흑인 총주방장에 올랐던 제프 헨더슨Jeff Henderson의 에세이《나는 희망이다》를 보면서 킬킬거렸던 것도 우리나라 군대의 초코파이가 떠올랐기 때문이다.

제프 헨더슨은 20대 초반 마약 매매를 하다 적발돼 교도소에 수감됐다. 그는 감옥에서 요리사가 되겠다는 목표를 정하고 꿈을 향해 달려간다. 교도소 내 주방에서 펼쳐지는 흥미로운 이야기가 책 내용의 상당량을 차지한다. 가끔 교도소 재소자의 생활상이나 갈등 그리고 교도소를 둘러싼 이야기도 나온다.

그중 재소자를 대상으로 하는 포교 활동 부분이 꽤 흥미롭다. 제프 헨더슨이 수감돼 있던 교도소에서 포교 활동에 열심인 종교는 유대교와 이슬람교였다. 특별한 기념일을 맞이해 교도소를 찾는 이들 종교인은 재소자 중 해당 종교 신도를 모아 맛있는 음식을 대접한다. 그러니 자연스럽게 특정 종교의 행사가 있을 때마다 재소자는 해당 종교 신도가 되고 싶어 한다.

알고 보니 백인 재소자 모두 유대인이 되고 싶어 했다. 유대교 명절이 다가올 즈음이면 특히 더했다. 해마다 유월절과 신년제가 되면 로스앤젤레스에서 랍비들이 찾아와 커다란 연회를 열었다. 그들은 식당을 독차지하고 감자 팬케이크, 신선한 샐러드, 과일, 육계 요리, 양지머리 등을 먹었다. 모두 최고급 음식이었다. 랍비들이 예식을 위해 필요하다고 생각하는 것은 무엇이든 정부를 설득해서 얻어낼 수 있었다.

모슬렘도 그에 뒤지지 않았다. 라마단이 열리는 시기에 매일 해 질 녘이 되면 이슬람 지도자들이 찾아와 연회를 베풀었다. 그럴 때는 모두 모슬렘이 되고 싶어 했다. 흑인들이 죄다 서로에게 "앗 살라 알라이쿰"이라고 이슬람식 인사를 할 정도였다.[15]

약한 본능을 이용하는 것이 포교 활동의 효과적인 수단이 될 수도 있다. 하지만 이런 상황을 볼 때마다 베풀고 희생하고 나눈다는 종교의 기본 정신보다는 반대급부를 노리는 의도가 빤히 보여 씁쓸하다. 다음에 소개하는 책의 한 대목도 이처럼 약한 본능 앞에 종교가 얼마나 폭력적일 수 있는지를 보여준다. 크로아티아 내전 당시 전쟁 피난민에게 무료 급식을 하던 성당에서 있었던 일이다. 일본의 언론인 출신 작가 헨미 요가 쓴《먹는 인간》에 나온다.

문이 열리고 겨우 5분 만에 사람들로 꽉 찼다. 문이 닫혔다. 크로아티아인만이 아니라 다양한 얼굴이다. 터키계 얼굴이 보이고 콧수염을 기른 옛 신사는 세르비아계였을지도 모른다. 어딘가에서 수프 냄새가 난다 했는데, 수녀가 "여러분, 이걸 들어야 식사할 수 있습니다" 하고 운을 떼더니 성서를 낭독하기 시작했다. 식사가 보류됐다. 누군가의 배에서 꼬르륵 소리가 났다. 그다음에는 기립해서 찬송가를 부른다. 숟가락을 꽉 쥔 남자들이 노래를 부른다. 악에 받친 듯 숟가락을 휘두르면서 노래하는 남자도 있다. 아니, 입만 뻥긋거리는 사람이 많다. 다리를 떠는 사람도 있다. 오로지 의식이 끝나기만을 기다린다.[16]

'식食과 생生의 숭고함에 관하여'라는 부제가 붙은 이 책은 제목처럼 먹는 것이 인간의 삶에서 얼마나 숭고한 본능인지, 삶의 본질인지를 일깨워준다. 종종 짐승은 먹이를 먹고 사람은 음식을 먹는다고 하지만, 그 근본에는 사람도 짐승도 '먹이'를 먹는 존재라는 것이 이 책에 깔려 있는 메시지다. 먹는 행위는 생존을 건 절박한 사투이기 때문이다. 생명을 향한 정직하고 순수한 이 본능을 두드러지게 악용하는 주체가 종교라는 현실을 지금도 목도해야 하는 것이 가슴아프다.

신부님과 보신탕

우리나라에서 보신탕은 오랫동안 논쟁의 대상이 돼왔다. 지금도 여전히 보신탕을 즐기는 사람이 있지만, 이를 전통 식문화라기보다 야만적 식습관이라고 여기는 사람이 더 많아진 것을 보면 역사의 뒤안길로 사라지는 과정에 있는지도 모르겠다.

우리 근현대사를 돌이켜봤을 때 보신탕은 특정 종교와 꽤 인연이 깊다. 육식을 금하는 불교는 아닐 테고, 바로 천주교다. 예전부터 '보신탕을 못 먹으면 신부가 될 수 없다'는 농담 섞인 이야기까지 있었을 정도다. 젊은 층에게는 좀체 이해되지 않을지 모른다. 하지만 연세 지긋한 이들 가운데는 신부들이 좋아하는 대표적 음식이 보신탕이라고 생각하는, 혹은 그런 말을 들어본 적 있는 사람이 꽤 많을 것이다.

예전에 만난 40대 초반의 한 신부는 "책을 출간하기 위해 출판사 사람을 만난 적이 있는데, 당연하다는 듯이 보신탕집으로 약속 장소를 알려왔어요"라면서 "보신탕을 안 먹는다고 하니 그 관계자가 '신부님 중에서 보신탕 안 드시는 분도 있느냐'라고 놀라며 되묻더군요"라고 말했다.

신부님과 보신탕, 썩 어울려 보이는 조합은 아니다. 그런데 어떻게 이런 조합이 탄생했을까? 천주교계에서는 조선에 가톨릭이 전해지던 시기의 문화와 그에 따른 에피소드에서 연원을 찾는다. 신부와 보신탕에 얽힌 에피소드를 거론할 때 빠지지 않고 나오는 이름이 앙투안 다블뤼Antoine Daveluy 주교다.《조선 주요 순교자 약전》을 남기는 등 국내 가톨릭 역사에 큰 기여를 한 다블뤼 주교는 1845년 입국해 병인박해로 순교할 때까지 21년 동안 조선 땅에서 사목했다. 조선 교구 5대 교구장이었던 다블뤼 주교의 한국 이름은 안돈이安敦伊이며 한국말도 잘했다. 그는 순교 직전 유창한 한국말로 가톨릭에 대한 공격을 조목조목 반박했기에 더 참혹하고 고통스러운 형벌을 받아야 했다.

프랑스 상류층 가정에서 자라난 그는 열악한 조선의 환경에 적응하기가 쉽지 않았다. 초기 몇 년간은 많은 어려움을 겪었다. 특히 고생스럽고 적응이 쉽지 않았던 것이 음식이다. 그래서 위장장애와 영양실조를 겪었고, 신경통도 그를 괴롭혔다.[17]

당시 신자들은 주교의 원기 회복을 위해 집에서 기르던 황구를 잡아 대접했다. 전통 보양식의 효능 덕에 다블뤼 주교는 기력을 되

273

찾을 수 있었다. 후에 자신이 먹은 음식의 정체를 알고 경악했지만, 결국 다블뤼 주교는 보신탕 먹는 것을 조선의 전통 음식 문화로 이해하고 받아들였으며, 나중에는 이를 즐겼다. 먹을 것이 귀하던 시절 가난한 농민으로서는 기르던 개를 잡는 것이 존경의 표현이자 최고의 대접이었던 셈이다. 그래서 외국인 선교사는 보신탕 먹는 것을 한국인과 소통하는 방식으로 여겼고, 이를 음식 문화로 자연스럽게 받아들이게 됐다.

다블뤼 주교 외에 초기 가톨릭 포교에 헌신했던 또 다른 프랑스인 신부 역시 조선의 보신탕 문화를 존중했다. 파리 외방전교회 소속 클로드 샤를 달레Claude Charles Dallet 신부는《한국천주교회사》에서 "조선에는 양고기가 없는 대신 개고기가 있는데, 선교사는 모두 그 맛이 나쁘지 않다고 술회했다"라고 썼다.[18]

집에서 기르던 황구를 잡아 보신용으로 먹는 것은 한민족의 오랜 전통이었다. 조선의 풍속을 서술한《동국세시기東國歲時記》에는 삼복에 개고기를 삶아 파를 넣고 푹 끓인 것을 '개장'이라고 한다는 설명이 나온다. 쇠고기를 넣어 끓인 육개장은 바로 이 개장에서 나온 것으로 알려져 있다.

개고기는 주로 천한 계층이 먹었다고 하는데, 한편으론 임금의 수라상에 '구증狗烝(개찜)'이 올랐고 혜경궁홍씨의 회갑 잔칫상에 누렁이찜이 올랐다는 기록도 있다.[19]

이 같은 역사적 연원만으로는 궁금증이 완전히 해소되지 않던 차에 우연히 보게 된 한 책을 통해 그것을 해결할 수 있었다. 문익환 목사의 옥중 서신을 담은《문익환 전집》이다. 이 책에서 저자는 신부와 보신탕의 인연을 이렇게 기술했다.

신부님들이 왜 보신탕집 단골손님이 될 정도로 보신탕을 잘 먹게 되었을까요? 그게 대원군 서학꾼 탄압과 관계가 있다는 걸 알 수 있어요. 보신탕은 본래는 머슴들이나 먹는 고기였거든요. 1년에 한 번 머슴들에게 개 한 마리를 주어 냇가에 나가서 구워 먹게 했으니까요. 대원군 대탄압 때 천주교인들은 깊은 산에 들어가서 옹기장이로 목숨을 이어가는 사람들이 많았지요. 인가에 남아 있다는 사람들은 소작이나 머슴으로 전락해버렸던 거고. 쇠고기나 돼지고기를 먹을 수 없이 가난한 사람들의 차지인 개고기가 천주교인들의 몫이 되었던 거죠.[20]

《가톨릭 신문》2018년 4월 8일 자에는 〈개 합니꺼? 왜 신부님들은 개고기를 즐겨 먹었을까?〉라는 제목의 흥미로운 칼럼이 실렸다. 마산 교구 사회복지국장 백남해 신부는 이 칼럼에서 "혹독한 박해를 받았던 초기 천주교인은 산속에 숨어서 부활절 미사 봉헌과 잔치를 했는데, 당시엔 기르던 개를 산에서 잡아먹는 것이 대수롭지 않은 자연스러운 일이었다"라면서 "단순한 몸보신이 아닌, 박해를 기억하고 그 전통을 이어가는 것"이라고 보신탕을 즐기던 문화에 의미를 부여했다.

산에서 기르던 개를 잡아먹는 것은 가혹한 탄압을 피해 자연스럽게 부활절 미사를 드릴 수 있는, 즉 사람들의 의심을 피하는 방편이기도 했다. 일본에도 비슷한 상황이 있었다. 가톨릭이 심한 박해를 받던 에도 시대 부활절에 성체 대신 만주饅頭를 만들어 신자끼리 먹으면서 미사를 지냈다고 한다. 미사용 성체로 사용하기 위해 만든 위장용 만주를 '후쿠레 만주ふくれ饅頭'라고 했다.[21]

2007년 선종한 파리 외방전교회 소속 피에르 메시니Pierre Mesini(한국명 매기석) 신부는 20년 넘게 우리나라에 머무르며 소외된 이웃을 보살피는 일에 헌신했고, "죽어서 한국의 흙이라도 되고 싶다"라고 할 정도로 우리나라에 많은 애정을 가졌다. 생전 그를 가까이 지켜본 합덕성당 김성태 주임신부는 "신부님이 처음 한국에 발령을 받았을 때 '한국 사람이 되려면 개고기를 먹어야 한다는 이야기를 들었다'고 하시더라"라면서 "첫 부임지 안동에서 사람들이 보신탕을 대접했는데, 몇 차례나 토하기를 반복하다가 결국 적응하게 되셨다"라고 말했다.

다소 충격적으로 들릴 수도 있겠지만, 노신부님들의 전언에 따르면 수십 년 전엔 수도원이나 신학교에서 식용을 위해 개를 키우는 곳도 꽤 있었다고 한다.

임실 치즈,
불모의 땅에서 기적을 일궈낸
벨기에인 신부님

2019년 3월 초였다. 일을 대충 마치고 한숨 돌리고 있는데 문자가 들어왔다. 지정환 신부님이 뇌종양으로 투병 중이라는 소식이었다. 88세의 고령이라 방사선 치료는 하지 않고 퇴원해서 집에 계신다고 했다. 긴 설명은 없었지만 방향감각도 많이 잃었고 기력도 크게 쇠하셨다는 것이 문자에서 느껴졌다. 지난해에 찾아뵀을 때만 해도 말씀도 잘 하시고 활기도 넘쳤는데, 마음이 무거웠다.

지정환 신부님을 오랫동안 곁에서 보좌해온 오선 선생님에게 전화를 드렸더니, 신부님의 건강이 지난해에 비해 많이 악화됐고 문병 오는 사람도 늘었다고 한다. 그러면서 신부님이 가끔 생각나는 사람들을 언급하시는 중에 내 이야기도 하셨다고 했다. 우리나라 땅에서 60년을 지내면서 그간 만나고 인연을 맺어온 사람이 수백, 수천 명일 텐데 나까지 기억해주셨다는 사실이 고맙고도 황송했다. 지난해 고작 2박 3일간 신부님 댁에 머무르면서 인터뷰를 한 게 전부였는데 말이다. '나중에 시간 나면'이라고 할 만큼 건강 상태를 기약할 수 없을 것 같아 바로 그 주말에 신부님이 계신 전북 완주로 내려갔다.

휠체어에 앉아 계신 신부님은 작년보다 좀 야윈 듯했다. 처음에는 놀란 표정으로 쳐다보시기에 "저 누군지 기억하시겠어요?" 하고 여쭈었다. 그제야 신부님은 웃으며 고개를 끄덕이셨다. 하지만 말씀을 편하게 이어가진 못하셨다. 신부님의 손을 잡고 있노라니 괜히 마음이 울컥했다. 중간중간 찡그린 얼굴로 가만히 웅크린 채 눈을 감고 계셨다. 온몸을 찌르는 듯한 극심한 통증 때문이었다. 가지런히 모아 쥔 손을 덜덜 떨기까지 하셨다.

그날 신부님과 함께한 식사는 평소 가끔 드시던 프랜차이즈 치킨이었다. 신부님은 떨리는 손으로 치킨을 집어서 내게 건네주셨다. 한 시간 남짓 뵈었을까, 눕기 위해 방으로 들어가시는 신부님께 다시 오겠다고 약속을 하며 건강하게 잘 계셔야 한다고 말했다. 그러자 신부님은 내 등을 두드리면서 걱정 말라고, 일곱 살 많은 형도 아직 살아 있으니 자신도 최소한 7년은 더 살 거라고 하셨다. 나는 여름이 오기 전에 다시 한 번 찾아뵈야겠다고 마음을 먹었다.

그리고 한 달 만인 4월 13일, 오선 선생님의 문자를 받았다. 신부님께서 선종하셨다는 소식이었다. 최소한 7년은 더 살 거라며 웃으셨는데, 이렇게 빨리 가셨구나. 마음 한구석이 아릿했다. 그나마 한 달 전에 찾아뵙기라도 한 걸 다행으로 여겨야 할까. 1959년 우리나라 땅을 밟은 신부님은 60년이 지난 2019년 4월 13일, 이 땅에서 눈을 감으셨다.

지정환 신부님을 인터뷰한 것은 2018년 여름이었다. 전북 임실 하면 누구나 곧바로 치즈를 떠올린다. 지정환 신부님은 임실을 치즈의 고장으로 만든 동시에 한국 치즈산업의 근간을 마련한 주인공이다. 본명은 디디에 세르스테번스, 벨기에 출신이다. 수년 전부터 신부님을 인터뷰하고 싶었으나 건강이 좋지 않으셔서 일이 성사되지 않았다. 그러다 2018년에야 신부님 댁에 2박 3일간 머무르면서 천천히, 조금씩 이야기를 나누고 옆에서 지켜본다는 조건으로 허락을 받았다.

2018년 8월 19일, 신부님이 살고 계신 전라북도 완주군 소양면을 찾았다. 마흔 살에 발병한 다발성 신경경화증 때문에 신부님은 주로 휠체어에 앉아 지내는 시간이 많았다. 그런데도 멀리서 손님이 왔다며 지팡이를 짚고 문밖에 나와 맞아주셨다. 신부님 집 앞에는 '별아래'라는 문패가 붙어 있었다. 오래전 춘천 교구에 있던 옛날 문서를 프랑스어로 번역하다 발견한 이름인데, 예뻐서 마음속에 간직해둔 것이다. 신부님은 "이걸 한자로 표기하면 '성하리'인데, 그러면 예쁜 말 맛이 살아나지 않는다"라고 했다.

벨기에인 신부, 한국의 '깡촌' 전라북도 임실 그리고 치즈. 이 셋은 연관성이 전혀 없어 보인다. 그런데 어떻게 인연이 시작됐을까? 신부님은 벨기에의 귀족 가문에서 3남 2녀 중 막내로 태어났다. 가톨릭 신자가 절대 다수인 사회라 어려서부터 자연스럽게 사제의 꿈을 품게 된 신부님의 마음속에 한국이 들어온 계기는 한국전쟁이었다. 아버지가 참전했던 제2차 세계대전이 끝난 지 몇 년 지나지 않아 발발한 한국전쟁은 머나먼 유럽 땅에 제3차 세계대전이 발발할 수도 있다는 공포를 불러일으켰다. 그 때문에 한국전쟁 발발 소식이 알려지고 며칠 지나지 않아 브뤼셀의 상점에선 성냥 한 갑도 사기 힘들 정도로 불안감이 급속히 퍼졌다. 하지만 학생이던 신부님에겐 한국이라는 나라에 대한 관심이 시작됐다.

그로부터 9년 뒤인 1959년 신부님은 한국에 왔고, 1961년 부안 성당으로 부임했다. 그곳에서는 농민과 함께 3년간 바다를 간척해 농지를 만들었다. 피땀 흘려 일군 땅이었지만 당장 먹고살 돈이 없던 가난한 농민은 그 땅을 헐값에 팔아넘겼다. 이때 크게 실망했던 신부님은 '다시는 한국인이 사는 데 개입하지 않겠다'고 결심하기까지 했다.

부안 다음 임지는 임실이었다. 굳은 결심을 하고 왔지만 가난의 굴레에서 헤어나지 못하는 농민의 삶을 외면할 수 없었다. 특히 임실은 농사도 짓기 힘든 산골이라 굶주림이 더 심했다. 무엇을 할 수 있을까 고민하던 때 신부님의 눈에 들어온 것은 우연히 선물로 받은 산양이었다. 젖을 짜서 팔면 소득을 올려 농가가 자립할 수 있지 않을까? 아니면 버려지는 산양유를 치즈로 만들면 어떨까? 유럽에서는 집에서도 치즈를 만들어 파는 곳이 많으니까 큰 시설비를 들

지정환 신부님

2018년 여름, 인터뷰 방문 당시 지정환 신부님의 모습 신부님은 임실을 치즈의 고장으로 만든 동시에 한국 치즈산업의 근간을 마련한 주인공이다. 이 땅에서 보낸 60년의 세월을 뒤로하고 지난 2019년 4월 13일 선종하셨다. 임실군 상가리의 마을 벽화에도 신부님의 모습이 그려져 있다.

281

이지 않고도 가능하겠다는 생각이 들었다.

문제는 신부님 자신이었다. 유럽인에게 치즈는 한국인의 김치 같은 것이다. 하지만 한국인 중에도 김치를 좋아하지 않는 사람이 있는 것처럼 신부님도 어려서부터 치즈를 좋아하지 않았다. 관심이 없다 보니 어깨너머로 보고 들은 상식조차 없었다. 치즈 공장을 만들기 위해 벨기에의 부모님에게 도움을 청했을 때 "그렇게 치즈를 싫어하더니 제정신이냐"라는 말을 들은 것도 어찌 보면 당연했다. 다행히 부모님이 2000달러를 지원해주어 작은 치즈 숙성 공장을 만들긴 했으나, 신부님의 시도는 '무모한 도전' 그 자체였다. 게다가 한국 땅에선 아직 치즈에 대한 개념도 없던 시절이었다.

산양유에 두부 만들 때 사용하는 간수를 부어보기도 하고, 약탕기에 넣고 달이기도 했다. 누룩을 넣고 발효를 시도하기도 하는 등 온갖 방법을 다 동원했으나 실패의 연속이었다. 숙성실을 함께 만드느라 굴을 파던 이웃 청년들은 "농사일은 돕지 않고 땅이나 판다"라면서 동네 어른들의 무수한 지청구를 들어야 했다.

그러기를 3년째, 서서히 지쳐가던 신부님은 프랑스와 이탈리아로 치즈 제조법을 배우러 떠나게 된다. 3개월간 돌아다니면서 묻고 또 묻기를 반복했다. 그렇게 해서 대충 흉내를 낼 수 있는 정도는 됐지만, 그래도 핵심 기술을 얻기는 쉽지 않았다. 한국이라는 머나먼 나라의 사람들을 위해 애쓰는 신부님의 모습이 딱해 보였는지 한 이탈리아의 치즈 기술자가 결국 비법을 적은 노트를 신부님에게 몰래 건네주었다.

　신부님은 의기양양하게 한국에 돌아왔다. 하지만 한 사람을 빼고는 다들 산양을 팔아치우고 떠난 상태였다. 부안에서의 악몽이 떠올랐지만 한편으론 이해도 됐다. 남은 사람으로선 유럽으로 떠난 신부님이 정말로 돌아올지, 치즈 만들기가 진짜로 성공할지 모든 것이 불투명했기 때문이다. 그래도 이번엔 달랐다. 기적적으로 비법을 손에 넣은 신부님은 균일한 치즈를 만드는 데 성공했고, 덕분에 떠난 사람들을 다시 불러 모을 수 있었다.

　1969년부터는 본격적인 임실 치즈 생산이 이뤄졌다. 당시만 해도 시중에서 판매되는 치즈는 미군 부대에서 흘러나와 불법적으로 유통되는 것이 전부였다. 신부님은 직접 서울의 호텔과 남대문에 있는 외국인 전용 상점을 찾아가 치즈를 판매했다. 임실에서 농민이 직접 손으로 만든 신선한 치즈라는 점은 매력으로 작용했다. 조선호텔의 입맛 까다로운 외국인 주방장도 임실 치즈와 계약했으며, 우리나라에서 최초로 문을 연 명동의 피자 가게도 임실에서 만든 모차렐라 치즈를 사용했다.

　임실 치즈가 성장 가도를 달리는 동안 신부님에겐 다발성 신경경화증이라는 병이 찾아왔다. 하는 수 없이 신부님은 그간 일궈온 치즈산업의 기반을 모두 협동조합에 넘기고 1981년 치료를 위해 벨기에로 떠났다. 3년 뒤 휠체어를 탄 채 귀국해서는 중증 장애인을 위한 재활에 헌신하기로 하고 재활 공동체 무지개 가족을 만들었다.

임실치즈협동조합에 참여했던 마을 사람들과 함께

유신시절 반체제 시위로 경찰에 연행되던 모습

전주 인후동의 작은 아파트에서 시작한 무지개 가족을 통해 재활하고 자립한 중증 장애인은 100명이 넘는다. 2002년엔 치즈산업을 일구고 장애인 복지에 힘쓴 공로로 호암상을 받았다.

신부님은 2004년 은퇴하면서 무지개 가족을 교구에 맡겼다. 대신 새로운 일을 구상했다. 장학재단을 설립키로 한 것이다. 상금 1억 원을 기반으로 2007년 무지개장학재단을 설립했다. 이 재단은 사각지대에 놓인 장애인과 그 가족을 돕는 일을 한다. 장학재단에서 일하며 신부님을 보좌하는 오선 선생님도 무지개 가족을 통해 제2의 삶을 개척했다. 체조 선수 출신인 오 선생님은 가슴 아래로 감각이 없는 중증 장애인이지만, 전동 휠체어에 몸을 의지하고 양쪽 엄지손가락만으로 키보드 자판을 두드리며 장학재단의 대소사를 챙기고 있다.

한편 신부님은 격동의 한국 현대사 한가운데서 사람들과 함께 머물렀다. 광주민주화운동 당시엔 우유를 실은 트럭을 몰고 광주로 달려갔다가 공포와 고통에 질린 사람들의 얼굴을 마주하고는 돌아오는 차 안에서 내내 눈물을 흘렸다. 인혁당 사건 당시에는 서울에 와서 시위를 하느라 추방될 뻔하기도 했다. 경찰서에서 조사를 받을 때 이름을 묻는 형사에게 "내 이름은 지정환이고, 정의가 환하게 빛날 때까지 지랄한다는 뜻"이라고 일갈했다는 것은 유명한 일화다. 다행히 농촌에서 치즈를 만든 활동이 긍정적 평가를 받아 추방 대신 한동안 경찰의 감시를 받는 것으로 사건은 일단락됐다.

지정환이라는 이름은 부임 초기 전주 교구 부주교이던 김이환 신부가 지어준 것이다. 본명 디디에서 '지'를, 김이환 신부의 이름에서 '환'을 따서 적당히 만든 것이라고 했다. 2018년 초엔 창성창본을 신청해 임실 지씨의 시조가 됐다.

임실의 대표적 관광지인 임실 치즈 테마파크에는 연간 20만 명이 넘는 사람들이 찾아온다. 이곳엔 신부님의 캐리커처도 있고 신부님이 어떻게 치즈산업을 일궜는지 자세히 소개하는 코너도 있다. 2018년 인터뷰 당시 신부님과 함께 이 테마파크에도 갔는데, 마침 이곳을 찾아온 초등학생들이 신부님을 알아보고 같이 사진을 찍자고 했다. 임실초등학교 학생들은 신부님의 일대기를 연극으로 만들어 공연한 적도 있었다. 그 때문인지 이 지역 초등학생들은 대개 신부님을 알고 있었다.

신부님과 인터뷰를 하면서 지난 60년간 언제가 가장 좋았고 기억나는 순간인지 물었다. 너무 진부하지만, 그래도 물어보지 않을 수 없는 질문이었다. 드라마틱한 어떤 순간을 기대했던 내게 신부님은 "그런 질문을 받을 때마다 언제나 내 답은 '지금 이 순간'"이라고 대답하셨다. 순간에 최선을 다하고, 지금 내 앞에 있는 사람에게 집중한다는 것이었다. 이 모든 순간이 모인 것이 내가 된다는 것이었다. 그러면서 신부님은 "내가 내세울 수 있는 건 아무것도 없다. 공을 이뤘으면 이내 물러나야 한다"라면서 '공수신퇴'를 거듭 강조했다. 미루고 탓하고 집중하지 못하고 '오늘만 날이냐'는 생각으로 살아왔던, 무엇을 하든 나를 앞세우려 했던 지난 하루하루에 대한 부끄러움이 해일처럼 밀려왔다.

신부님은 당시 새 치즈 개발에 관심을 쏟고 있었다. 임실에서 나는 고추씨에서 추출한 캡사이신을 섞어 매운맛을 낸 치즈다. 신부님이 실험적으로 만들어놓은 치즈를 맛봤는데 칼칼하고 깔끔한 뒷맛이 무척 좋았다. 맥주가 엄청 당기는 맛이라고 했더니, "그럼 나중에 이 치즈를 안주 삼아서 맥주를 마시자"라고 하시며 아이처럼 웃었다. 지난해 신부님과 함께 갔던 임실치즈연구소에서는 신부님의 아이디어를 바탕으로 시제품 개발을 하고 있었다.

치즈를 안주 삼아 신부님과 함께 맥주를 마시는 것은 이제 불가능해졌다. 그래도 앞으로 이 치즈가 시판되면 볼 때마다 신부님을 떠올릴 수 있을 것이다. 이 땅에 신부님은 그렇게 마지막 선물을 남겨주고 가셨다.

"신부님, 주님 안에서 편히 쉬시길."

코셔르 김치를 아시나요?
한국의 랍비 가정 방문기

유대인의 종교적, 정신적 지도자는 랍비다. 뉴스나 영화에서 보이는 이미지 때문인지 랍비 하면 우선 검은색 복장에 수염과 옆머리를 독특한 모양으로 기른 모습을 떠올리게 된다. 유럽의 분주한 공항에서 환승을 위해 기다리다 랍비로 '보이는' 사람들과 가까이 앉게 된 적이 있는데, 뭔지 모를 기운에 압도되는 느낌이 무척이나 묘했던 기억이 있다. 이런 복장을 한 사람을 예전 미국 뉴욕에서도 본 적이 있다. 하긴 전 세계 어디든 유대인 커뮤니티가 있는 곳이라면 랍비도 당연히 있을 테지만. 그렇다면 우리나라는 어떨까?

예전에 코셔르 식품에 관한 자료를 찾다가 해결하지 못한 의문이 있었다. 유제품과 고기를 차례로 먹을 때 몇 시간 간격을 두고 먹어야 하는가 하는 것이었다. 나라별로 시간이 조금씩 다르기 때문에 우리나라에 거주하는 유대인이라면 어떤 원칙과 약속을 했는지가 궁금했다. 외신이나 책을 통해 답을 찾을 수가 없었던지라 주한 이스라엘 대사관에 전화를 걸었다. 그러자 대사관 측에서는 한국에도 랍비가 있으니 직접 물어보는 게 좋겠다고 말했다. 우리나라에 랍비가 있으리라고는 생각도 못했던 터라 나는 우문을 던지고야 말았다. "그 랍비는 이스라엘 사람인가요, 한국 사람인가요?" "여기서 살고 있는 건가요, 아님 행사가 있어서 방문한 건가요?" "한국에서도 검은색 옷을 입고 수염을 기르고 다니나요?" "한국에 유대교 회당은 어디 있나요?"

다행히도 대사관에선 크게 귀찮아하지 않고 친절하게 대답해줬다. 우리나라에 거주하는 랍비의 이름은 오셔 리츠만Osher Litzman. 메일로 '한국에서 유대인이 고기와 유제품을 먹을 때 시간 간격을 얼마나 두어야 하느냐'고 질문을 보냈더니 몇 시간 뒤 답이 왔다. 답은 여섯 시간이었다. 그는 유제품과 고기를 요리하는 도구, 담는 식기도 철저히 구분해야 한다고 설명을 덧붙였다. 고기를 먹고 난 뒤 유제품을 먹을 수 있는 시간은 동유럽의 경우 한국과 마찬가지로 여섯 시간, 독일은 세 시간이라고 한다.

메일로만 주고받기에는 답답한 감이 있어서 만나서 자세한 이야기를 듣고 싶었다. 우리나라에 유대인 커뮤니티가 있다는 것도, 랍비가 있다는 사실도 금시초문이었기에 직접 만나보고 싶었다. 실제 유대인이 안식일을 어떻게 보내는지, 상차림은 어떤지도 궁금했다. 혹시나 하는 마음으로 저간의 사정을 밝히고 방문하고 싶다고 하자 얼마 후 방문해도 좋다고 허락하는 답장이 왔다. 게다가 안식일 상차림도 어떠한지 보여줄 수 있다고 했다. 그런데 방문하는 날은 그들에게 가장 중요한 안식일이 아닌 평일이어야 한다는 조건이 붙었다.

엄청나게 무더웠던 2018년 여름, 유대인 커뮤니티 센터를 찾았다. 랍비가 알려준 주소로 찾아가니 주택가 골목에 자리한 작은 마당이 딸린 2층짜리 단독주택이 나왔다. 대문 앞에는 'CHABAD of KOREA'라는 팻말이 붙어 있었다. 내가 '카바드'라고 읽자 이곳의 유대인 직원이 '하바드 오브 코리아'로 읽으면 된다고 정정해줬다. 랍비는 검은색 옷과 모자를 쓴 차림으로 나를 맞았다. 그는 우리나라에 온 지 10년 남짓 됐다고 했는데, 우리말은 거의 하지 못했다.

이 집은 유대인의 커뮤니티 센터인 동시에 랍비와 그의 가족이 생활하는 공간이다. 또 유대인이 매주 안식일마다 모여 예배하는 회당, 즉 시너고그synagogue이기도 했다. 시너고그는 건물 지하에 마련돼 있다고 랍비는 설명했다. 1층 거실에는 큼직한 식탁이 있었다. 식탁 위에 촛대 세 개와 도자기 식기 세트가 여러 벌 놓여 있었다. 약속한 대로 랍비와 그의 가족은 안식일에 먹는 것처럼 상차림을 준비해두었다.

그의 부인과 주방 일을 돕는 여성이 식탁과 주방을 오가며 음식을 하나씩 내왔다. 가장 먼저 내온 것은 유대인이 안식일에 먹는 전통 빵 할라challah다. 밀가루에 달걀을 넣고 반죽을 해서 깨를 뿌려 구운 것이다. 언뜻 보면 조선 여인의 가채처럼 머리를 땋은 것 같은

유대교 안식일의 식탁

전통 빵 할라를 비롯해 생선구이, 몇 가지 샐러드, 감자를 으깨 만든 소스, 레비바,
와인 등이 차려졌다. 할라 빵에는 우유나 버터가 들어가지 않는데, 주 요리로
고기를 먹는 경우가 많으므로 유제품을 함께 먹지 않기 위해서다. 이 안식일
상차림 사진은 모두 평일에 연출하여 촬영한 것임을 밝혀둔다.

모양인데, 실제로 밀가루 반죽을 꼬
아서 만든 것이라고 한다. 유대인
에게서 유래한 베이글도 밀가루
에 물과 소금, 이스트를 넣어 반죽
해 만든 빵이다. 이런 빵은 식사 때
주식으로 오르기 때문에 우유나 버터
가 들어가지 않는다는 공통점이 있다.
주 요리로 고기를 먹는 경우가 많으므
로 유제품을 함께 먹지 않기 위해서다.
할라 외에도 생선구이, 채소와 과일로
만든 몇 가지 샐러드, 감자를 으깨 만든
소스, 와인 그리고 언뜻 감자전으로 보

코셰르 김치
식탁에서 보이는 국내산 코셰르
김치가 반갑다. 다른 음식과
마찬가지로 엄격한 코셰르 식품
인증을 받은 것으로, 랍비가 직접
공장에 가서 제조 과정에 참여해
채소 상태를 확인한다고 한다.

이는 음식이 올라왔다. 레비바leviva라고 하는 전통 음식으로, 모양
은 팬케이크와 흡사했다.

랍비는 음식 차리는 것을 도우면서 초에 불을 붙이고 냅킨을 정
리했다. 식탁에 차려진 음식을 하나씩 살펴보고 있노라니 의외의
것이 눈에 들어왔다. 김치와 꽤 닮았다고 생각했는데, 역시 김치였
다. 그래도 혹시나 싶어 김치냐고 물어보자 랍비는 그렇다고 했다.
심지어 그는 유아용 의자에 앉은, 아직 제대로 걷지도 못하는 막내
딸을 가리키면서 "이 아이가 우리 가족 중 김치를 제일 좋아하고 잘
먹는다"라고 말했다.

궁금증이 가득하면서도 어리둥절한 내 표정을 읽었는지 랍비는 '코셰르 김치'라고 다시 한 번 설명했다. 코셰르 식품은 식사에 대해 규정한 유대인의 법인 카슈루트에 따라 만들어지므로, 카슈루트에 따라 만든 김치라면 코셰르 김치가 되는 것이다.

국내에서 육류로 된 코셰르 음식을 만들려면 율법에 따라 도살된 고기를 수입하는 등 복잡한 준비 과정이 필요하다. 육류라면 누가 도축을 했고 어떤 방식으로 도축이 이뤄졌는지 꼼꼼히 따져야 하지만, 채소나 과일은 그렇지 않다. 하지만 그렇다고 아무 김치나 다 코셰르 김치가 되는 것은 아니다. 채소나 과일 같은 식물성 재료에 붙는 조건은 벌레 먹지 않고 깨끗한 것이어야 한다는 점이다. 내가 봐서 깨끗하다고 생각하면 그만이 아니라, 제조나 생산 과정에 랍비 혹은 그에 준하는 누군가가 참여해서 벌레 먹지 않은 깨끗한 재료임을 인증해야 한다.

랍비는 우리나라의 식품 회사인 대상이 코셰르 김치를 만든다고 설명했다. 랍비가 직접 공장에 가서 제조 과정에 참여해 채소 상태를 확인한다고 했다. 국내에서 생산되는 다른 코셰르 식품 역시 인증을 위한 엄격한 절차를 거친다. 유대인 커뮤니티 센터 1층에는 국내에 거주하는 유대인이 이용할 수 있도록 다양한 코셰르 인증 식품(주로 가공식품이나 과자류)이 진열돼 있었다. 이곳에서 일하는 유대인 직원은 가끔 한국인 중에서도 코셰르 식품에 관심을 갖고 찾아오는 사람이 있다고 말했다.

주방에서 음식 준비를 돕는 여성은 언뜻 보기에 동양인 같았다. 영화 〈케이크메이커〉에서 '이방인' 토마스에게 절대로 오븐을 사용하지 못하게 하던 장면이 갑자기 생각나며 궁금해졌다. 만약 저 사람이 유대인이 아니라면 음식 준비를 어떻게 도울 수 있을까?

랍비는 유대인이 아니어도 주방에서 음식을 만들고 돕는 것은 가능하다고 했다. 열을 가해 만드는 음식이 아니라 차가운 음식은 괜찮다는 것이다. 즉 오븐은 사용할 수 없지만 채소를 썻고 다듬거나 샐러드를 만드는 것은 가능한 셈이다. 좀 더 구체적으로 알고 싶어 그 이유를 물었지만, 율법에서 그렇게 정한 것이기 때문이라는 답변을 들었을 뿐이다. 그것만으로는 부족했으나 더 이상 꼬치꼬치 캐물을 배짱도, 의사소통 수단도 달려서 포기하고 말았다.

음식이 차려진 뒤 랍비는 식탁 위에 작은 책을 한 권씩 놓았다. 표지에 '하가다Haggadah'라고 쓰여 있었다. 랍비는 "하가다는 책을 의미한다", "찬송가와 신의 가르침이 담겨 있다"라고 설명했다. 식사 준비가 되자 랍비의 자녀 여섯 명도 식탁에 둘러앉았다. 가족이 함께 손을 잡고 찬송가를 부르고 이야기를 나눴다. 돌도 지나지 않은 막내까지도 아버지의 말을 진지하게 듣는 모습이 인상 깊었다. 랍비 리츠만은 "유대인의 안식일 식탁은 보통 이런 모습"이라고 말했다.

유대인에게 안식일은 금요일 일몰부터다. 매주 안식일이 시작되는 금요일 저녁이면 40~50여 명의 유대인이 이곳 회당에 모인다.

한·중·일 삼국의
사찰음식,
뭐가 다르고 뭐가 같을까

불교는 인도에서 유래한 종교다. 석가모니의 시대와 가까운 생활양식을 지키고 있는 남방불교는 스리랑카, 태국, 미얀마 등 동남아시아 지역에서 번성했다. 이에 대응하는 북방불교는 인도에서 중앙아시아를 거쳐 중국으로 전해졌다. 우리나라와 일본, 타이완 등의 불교는 북방불교에 속한다.

남방불교와 북방불교의 큰 차이점은 음식 문화다. 남방불교에는 탁발 문화가 남아 있다. 즉 승려가 집집마다 돌아다니며 신도에게서 먹을 것을 구한다. 무엇을 주든 가리지 않고 먹는 것이 수행의 방편이기에, 고기든 오신채든 특정한 음식을 금하지 않는다. 반면 참선과 수행을 중시하는 북방불교는 직접 음식을 지어 먹는 과정도 수행의 과정으로 여겼기에 엄격한 사찰음식의 전통이 만들어졌다. 자연과 하나가 된다는 불교의 정신과 결합해 채식을 중심으로 하며 수행에 방해가 되는 오신채를 금하는 등 고유의 틀이 잡혀 전해 내려오고 있다.

일반적으로 승려의 식생활이라면 채식 위주의 식단을 떠올리게 된다. 또 술과 고기를 먹지 않는다. 그런데 술과 고기를 금하는 것이 초기 불교 시대부터 정착된 것은 아니다. 이 같은 전통이 확립된 것은 중국 남북조 시대 양나라의 초대 황제였던 무제 때다. 무제는 독실한 불교 신자였다. 큰 사찰을 많이 지었을 뿐 아니라, 궁궐 내에 불상을 안치하고 수시로 승려를 초청해 법문을 들었다. 그는 아침저녁으로 예불을 드렸는데, 무려 45년 동안 매일 예불로 하루를 시작하고 마무리했다. 황제로서 정사를 돌보면서도 수행자와 다름없는 삶을 살았던 것이다. 삼베옷에 짚신을 신고 갈건을 썼으며, 불경을 직접 연구했다. 심지어 승복으로 갈아입은 채 직접 사찰에서 허드렛일을 하기도 했다.

고기와 술, 여색을 멀리하던 그는 511년 급기야 불교에 지대한 영향을 미친 칙령을 발표했다. 출가자가 술과 고기 먹는 것을 금하는 '단주육문斷酒肉文'이다. 불심이 지극히 깊었던 그는 아무리 황제가 노력한다고 해도 출가자, 즉 승려가 존경받지 못하면 불교가 든든히 뿌리를 내릴 수 없다고 여겼다. 그는 "출가자가 술을 마시고 고기를 먹으면 사람들이 불법을 업신여기게 된다", "중생의 살을 먹는 것은 악마의 행실이 된다"라고 강조했다.[22] 또 일반 백성은 옷감으로 비단 대신 무명을 사용하게 했다. 비단을 생산할 때 누에가 죽기

때문이라는 이유에서였다.[23]

단주육문 공표 이전까지만 해도 불가에서 육식은 자연스러운 일이었기에, 황제의 명령에 불가의 승려는 당황하지 않을 수 없었다. 결국 이 같은 강제 조치로 불교의 음식 문화는 완전히 바뀌게 됐고, 이는 전통으로 확립돼 동아시아 지역으로 전파된 뒤 오늘에 이르고 있다.

고기를 먹지 않는다는 원칙은 같지만 오늘날 우리나라와 중국, 일본의 사찰음식은 조금씩 다르다. 우선 명칭부터 우리나라에서는 '사찰음식寺刹飮食', 중국에서는 '소식素食', 일본에서는 '쇼진 요리精進料理'라고 한다. 우리나라에서는 제철 식자재를 사용한 다양한 채식 그리고 채소가 나지 않는 겨울에도 먹을 수 있도록 발효하거나 저장한 식품인 장, 장아찌, 김치 종류가 발달했다. 중국에는 콩을 주로 활용한 요리가 많다. 특히 콩 단백질을 활용해 고기와 비슷한 맛을 내는 요리법이 다양하게 개발됐다. 양 무제 당시 육식을 즐기다 졸지에 이를 먹을 수 없게 된 불가에서 현재 콩고기의 원형쯤 되는 음식을 연구해 발전시켜왔기 때문이다.

중국의 사찰음식 전통을 살펴보려면 타이완의 사찰에 가보면 된다. 중국 본토는 사찰이 많이 파괴된데다 오랫동안 승려가 거주하지 않아 사찰음식 문화가 제대로 보존되지 않았다.[24] 대한불교조계종 산하 불교문화사업단에서 사찰음식을 주로 연구해온 최소영 행정관은 "타이완은 전 국민의 75퍼센트가 채식을 즐기기 때문에 사찰에서 비롯된 음식이 일반적으로 확산돼 있다"라고 설명한다. 우리나라에서처럼 일반 음식과 사찰음식이 뚜렷하게 구분되는 편이 아니라는 것이다.

"타이완에 갔을 때 분명 채식 식당이라고 했는데, 메뉴에는 원숭이 골 요리나 탕수육, 돼지구이 등도 있어요. 궁금해서 주문해보면 실제 모양이나 질감이 꼭 고기 같아요. 하지만 알고 보면 콩 단백질, 즉 콩고기로 만든 것이거든요. 맛도 고기같이 느껴져요. 감쪽같죠. 실제로 기름을 많이 사용해 요리하는데다 화려한 장식물로 치장해 내놓습니다. 타이완에서 가장 큰 사찰인 불광사 주변에는 이런 음식점이 상당히 많아요."

타이완에서 고기를 대신하는 대용 식품은 상당히 발달해 있다. 종류는 우리가 흔히 생각할 수 있는 모든 식품이라고 봐도 무방할 정도다. 국내에서도 '퓨전 채식'이라는 이름으로 고기 맛을 내는 채식이 확산되고 있다. 콩으로 만든 햄과 소시지를 비롯해 채식용 라면, 콩고기로 만든 돈가스인 콩가스, 육개장이 아닌 두개장, 밀 단백질로 만든 떡갈비와 동그랑땡까지 있다.[25]

일본의 쇼진 요리에 사용되는 '쇼진'은 고대 인도어 '위리야virya'를 한자로 표현한 것이다. 악행과 잡념을 끊고 열심히 수행하며 불도를 닦는다는 의미다. 그러니까 쇼진 요리는 승려의 수행 생활에 도움이 되는 음식인 셈이다. 일본에 쇼진 요리가 생겨난 것은 불교가 전해지면서부터다. 일본이 불교를 받아들인 것은 7세기 덴무天武

천황 때인데, 불교를 받아들인 덴무 천황은 육식을 금했다. 이 때문에 승려는 채소에 식초나 소금으로 간을 해서 먹었다. 이렇게 승려가 먹는 음식을 쇼진모노精進もの라고 했으며, 이 이름은 불교의 '팔정도八正道'에서 따온 것이다. 헤이안 시대平安時代(794~1185)의 중요 사료인《침초자枕草子》에 이 같은 기록이 나온다.

따지고 보면 쇼진 요리는 중국에서 전해진 것인데, 일본 현지 승려의 식습관에 맞춰 독특한 형태로 자리 잡게 됐다. 현재 일본을 대표하는 가이세키 요리會席料理(일본식 정찬 요리) 역시 쇼진 요리에서 비롯된 것이다.[26]

쇼진 요리 발전에 가장 큰 영향을 준 인물은 도겐道元 선사*다. 그는 송나라에서 유학했는데, 그곳에서 식생활과 관련해 큰 깨달음을 얻었다. 고령임에도 뜨거운 여름 햇살에 아랑곳하지 않고 해초를 말리는 전좌典座 승려**를 본 그는 안타까운 마음에 '날씨가 너무 더우니 나중에 하라'고 권했다. 그러자 그 승려는 "해초는 뜨거운 여름 햇살에 말려야 하고, 이 일이야말로 나의 수행"이라고 단언했다. 이 만남에서 도겐 선사는 일상의 식생활을 위해 정성을 들이고 준비하는 것이 불도의 중요한 수행임을 깨닫고, 일본에 돌아와 조리에 관

---

* 1200~1253. 가마쿠라 시대 초기 선종 승려. 임제종에 이어 일본 선종의 주요 종파 가운데 하나인 조동종曹洞宗의 개조開祖다. 중국에서 조동종을 배우고 계승해 일본에 전파했다.
** 부엌일을 담당하는 승려.

한 두 권의 책을 썼다. 《부죽반법赴粥飯法》과 《전좌교훈典座敎訓》이 그것이다. 《부죽반법》은 식사 예법을, 《전좌교훈》은 조리하는 사람의 마음가짐과 규율을 다룬다. 특히 도겐 선사는 음식은 인간의 생활에서 빼놓을 수 없는 것이고, 이를 만드는 행위보다 중요한 수행은 없다고 생각하여 《전좌교훈》을 중요하게 여겼다. 일본 후쿠이현福井縣에 있는 조동종曹洞宗의 대본산 영평사永平寺는 쇼진 요리의 중심이다.[27]

쇼진 요리라는 말은 에도 시대부터 일반에 정착됐다. 1697년 《화한정진요리초和漢精進料理抄》라는 전문서가 발행된 것이 계기인데, 이때 쇼진 요리는 사찰에서 떨어져 나와 하나의 요리 장르가 됐다. 쇼진 요리의 주된 식재료는 채소, 콩, 곡식, 과실, 종자, 해초, 건어물 등이다. 여기서 건어물은 다카노 두부高野豆腐(동결 건조한 두부), 유바湯葉(두유를 끓여 표면에 엉긴 얇은 막을 걷어서 말린 것), 박고지와 같은 식물성 식재료를 말한다.[28]

쇼진 요리 연구가인 후지이 마리는 자신의 저서에서 사계절에 걸맞은 식습관으로 '봄은 쓴맛, 여름은 초무침, 가을은 매운 음식, 겨울은 기름과 함께'라고 제안한다.

봄에는 나무의 싹과 머위의 어린 꽃대, 두릅과 고사리의 쌉쌀한 맛을 즐깁니다. 이 쓴 성분이 겨울 동안 몸에 쌓인 지방을 녹이는 작용을 도와준다고 합니다. 여름은 토마토, 오이, 가지 등으로 몸의 열을 식힙니다.

초무침으로 만들면 훨씬 시원함을 느낄 수 있습니다. 가을은 매운맛 성분인 고추나 생강을 사용합니다. 가을에 나는 마의 종류, 밤, 버섯류와 곁들이면 여름에 약해진 위장을 건강하게 해주고 식욕을 증진시켜줍니다. 겨울은 근채 등입니다. 기름을 사용한 근채류 요리는 차가워진 몸을 따뜻하게 만들어줍니다.[29]

주

1부.

1   마이클 P. 폴리 저, 이창훈 역,《가톨릭 신자는 왜 금요일에 물고기를 먹는가》, 보누스, 2012.

2   마귈론 투생사마 저, 이덕환 역,《먹거리의 역사》, 까치, 2002.

3   하이드룬 메르클레 저, 신혜원 역,《식탁 위의 쾌락》, 열대림, 2005.

4   싱클레어 퍼거슨, 데릭 토마스 공저, 구지원 역,《익투스》, 생명의말씀사, 2016.

5   새번역 성경, 누가복음서 24:42.

6   Eric Chaline, *50 Animals that Changed the Course of History*, Firefly Books, 2015.

7   Henry Watson Fowler, *A Dictionary of Modern English Usage*, Oxford University Press, 1926.

8   마크 쿨란스키 저, 박광순 역,《세계를 바꾼 어느 물고기의 역사》, 미래M&B, 1998.

9   법정,《홀로 사는 즐거움》, 샘터, 2004, 163쪽.

10   김미숙, 〈자이나의 식생활 원리와 그 철학적 배경〉,《인도연구》9권 1호, 2004.

11   네이버 두산백과.

12   안대회 외,《18세기의 맛》, 문학동네, 2014.

13   Elaine Khosrova, *Butter: A Rich History*, Algonquin Books, 2017.

14   마르틴 루터 저, 원당희 역,《독일 기독교 귀족에게 고함》, 세창미디어, 2010, 103쪽.

15   Jean-Louis Flandrin(EDT), Massimo Montanari(EDT), Botsford, Clarissa(TRN), *Food: A Culinary History*, Columbia University Press, 2013.

16   피터 마셜 저, 이재만 역,《종교개혁》, 교유서가, 2016.

17   이동희,《꺼지지 않는 불, 종교개혁가들》, 넥서스CROSS, 2015.

18 페르디난트 폰 쉬라크 저, 김희상 역, 《어떻게 살인자를 변호할 수 있을까?》, 갤리 온, 2010.

19 찰스 스키너 저, 윤태준 역, 《식물 이야기 사전》, 목수책방, 2015, 74쪽.

20 새번역 성경, 창세기 30:15.

21 새번역 성경, 아가 7:13.

22 셰익스피어 저, 김정환 역, 《로미오와 줄리엣》, 아침이슬, 2010, 146쪽.

23 셰익스피어 저, 권오숙 역, 《오셀로》, 열린책들, 2011, 105~106쪽.

24 셰익스피어 저, 최종철 역, 《셰익스피어 전집》 5, 민음사, 2014, 505쪽.

25 *Antony and Cleopatra*, Macmillan International Higher Education.

26 류모세, 《열린다 성경》, 두란노, 2010.

27 알렉산드라 블레이어 저, 한윤진 역, 《결혼의 문화사》, 재승출판, 2017.

28 마이클 P. 폴리 저, 이창훈 역, 《가톨릭 신자는 왜 금요일에 물고기를 먹는가》, 보 누스, 2012.

29 하워드 블룸 저, 김민주·송희령 역, 《천재 자본주의 vs 야수 자본주의》, 타임북스, 2011.

30 헤더 안트 앤더슨 저, 이상원 역, 《아침식사의 문화사》, 니케북스, 2016, 52쪽.

31 알렉산드르 솔제니친 저, 이영의 역, 《이반 데니소비치, 수용소의 하루》, 민음사, 1998, 60쪽.

32 알렉산드르 솔제니친 저, 이영의 역, 《이반 데니소비치, 수용소의 하루》, 민음사, 1998, 96쪽.

33 박부영, 《불교풍속고금기》, 은행나무, 2005.

34 《The Japan Times》 2003년 6월 19일, 〈Strolling in a dream〉. www.japantimes. co.jp.

35 엘레나 코스튜코비치 저, 김희정 역, 《왜 이탈리아 사람들은 음식 이야기를 좋아 할까?》, 랜덤하우스, 2010, 361쪽.

36 몰리 해넌(Molly Hannon), 〈맛있는 로마 아티초크: 게토에서 이탈리아를 대표하 는 아이콘이 되기까지(The Delicious Roman Artichoke: From Jewish Ghetto to Italian Icon)〉, 《데일리 비스트(Daily Beast)》 2015년 4월 21일. http://www.thedailybeast. com/the-delicious-roman-artichoke-from-jewish-ghetto-to-italian-icon.

37 엘레나 코스튜코비치 저, 김희정 역, 《왜 이탈리아 사람들은 음식 이야기를 좋아 할까?》, 랜덤하우스, 2010.

38 https://www.khaleejtimes.com/news/uae-health/UAE-among-top-consumers- of-sugar-globally-.

39   https://www.ynetnews.com/articles/0,7340,L-5552483,00.html.

40   앙투안 갈랑 편, 임호경 역,《천일야화》3, 열린책들, 2010, 713쪽.

41   댄 주래프스키 저, 김병화 역,《음식의 언어》, 어크로스, 2015, 323쪽.

42   오한샘·최유진,《천년의 밥상》, MID, 2012, 177쪽.

43   강석경,《저 절로 가는 사람》, 마음산책, 2015, 48쪽.

44   〈불교와 경제〉,《불교신문》2018년 9월 16일.

45   《송광사보》119, 2011.

46   스튜어트 리 앨런 저, 정미나 역,《악마의 정원에서》, 생각의나무, 2005.

47   주경철,《그해, 역사가 바뀌다: 세계사에 새겨진 인류의 결정적 변곡점》, 21세기북스, 2017.

48   토마토와 건강(Tomato & Health) 사이트(http://www.tomatoandhealth.com); 위키피디아; John Hinson, *100 Stories: The Lesser Known History of Humanity*, Lulu.com, 2018.

49   미야자키 마사카쓰 저, 박현아 역,《물건으로 읽는 세계사》, 현대지성, 2018.

50   문갑순,《사피엔스의 식탁》, 21세기북스, 2018.

51   다이앤 애커먼 저, 백영미 역,《감각의 박물학》, 작가정신, 2004.

52   황성우, 〈러시아 감자 이야기〉,《Russia CIS FOCUS》135, 2011년 10월 31일.

53   래리 주커먼 저, 박영준 역,《악마가 준 선물, 감자 이야기》, 지호, 2000.

54   심란 세티 저, 윤길순 역,《빵 와인 초콜릿》, 동녘, 2017.

55   엘레나 코스튜코비치 저, 김희정 역,《왜 이탈리아 사람들은 음식 이야기를 좋아할까?》, 랜덤하우스, 2010, 363~364쪽.

56   마이클 P. 폴리 저, 이창훈 역,《가톨릭 신자는 왜 금요일에 물고기를 먹는가》, 보누스, 2012.

57   《가톨릭신문》2014년 5월 18일.

58   스프루스 잇츠(www.thespruceeats.com).

59   스티븐 킹 저, 이은선 역,《리바이벌》, 황금가지, 2016, 277쪽.

60   강준만,《미국은 세계를 어떻게 훔쳤나》, 인물과사상사, 2013.

61   래리 슈웨이카트, 린 피어슨 도티 공저, 장세현 역,《GREAT COMPANY 500: 세계 명문기업들의 흥망성쇠》, 타임비즈, 2010.

2부.

1   정찬주,《무소유》, 열림원, 2010, 97~98쪽.

2   서화동 저, 김형주 사진,《산중에서 길을 물었더니》, 은행나무 2002.

3   마이클 P. 폴리 저, 이창훈 역,《가톨릭 신자는 왜 금요일에 물고기를 먹는가》, 보
     누스, 2012.

4   위키피디아(en.wikipedia.org), 브리태니커(www.britannica.com).

5   박완서,《두부》, 창비, 2002, 29~30쪽.

6   한국고전번역원, 이상현 역, 2003.

7   황광해,《식사(食史)》, 하빌리스, 2017.

8   김정호,《조선의 탐식가들》, 따비, 2012.

9   오희문 저, 이민수 역,《쇄미록》, 올재클래식스, 2014.

10   《세종실록》 66권, 세종 16년 12월 24일 정묘 첫 번째 기사.

11   굿뉴스(http://www.catholic.or.kr) 가톨릭 사전.

12   롤랑 바르트 저, 한은경 역,《기호의 제국》, 산책자, 2008, 38~39쪽.

13   이슬람 문고 시리즈 4《라마단과 단식》, 한국이슬람교, 2008, 18쪽.

14   이슬람 문고 시리즈 4《라마단과 단식》, 한국이슬람교, 2008, 17쪽.

15   정수일,《이슬람 문명》, 창비, 2002.

16   심재관,〈부처님과 함께한 식물 그리고 동물 - 우담바라와 거위〉,《월간불광》516,
     불광미디어, 2017년 11월.

17   최연욱,《비밀의 미술관》, 생각정거장, 2016.

18   알레산드로 마르초 마뇨 저, 윤병언 역,《맛의 천재》, 책세상, 2016.

19   알렉산더 히슬롭 저, 안티오크 번역실 역,《두 개의 바빌론》, 안티오크 하우스,
     2013.

20   알렉산더 히슬롭 저, 안티오크 번역실 역,《두 개의 바빌론》, 안티오크 하우스,
     2013, 149쪽.

21   니코스 카잔차키스 저, 이재형 역,《그리스인 조르바》, 문예출판사, 2018, 329~
     331쪽.

22   에릭 칼 글·그림, 오정환 역,《빵집 월터 아저씨》, 더큰, 2007.

23   닐스 요켈 저, 노성두 역,《화가가 꿈꾸었던 이상한 천국의 풍경》, 도서출판 마루,
     2000, 15쪽.

24   최진석,《민중과 그로테스크의 문화정치학》, 그린비, 2017.

25   마이클 P. 폴리 저, 이창훈 역,《가톨릭 신자는 왜 금요일에 물고기를 먹는가》, 보
     누스, 2012.

26   심일종,〈진관사 국행 수륙재 찬품 연구 - 의례 음식의 맥락론적 접근〉, 사찰음식
     학술 세미나 자료집《서울 진관사 사찰음식》, 2018년 6월.

27 배영동, 〈한국 사찰음식의 문화유산 가치와 전승 과제〉, 사찰음식 학술 세미나 자료집《서울 진관사 사찰음식》, 2018년 6월.

28 배영동, 〈한국 사찰음식의 문화유산 가치와 전승 과제〉, 사찰음식 학술 세미나 자료집《서울 진관사 사찰음식》, 2018년 6월.

29 안토니 F. 치폴로, 레이너 W. 헤세 주니어 공저, 박상덕 역,《바이블 쿠킹》, 포세이돈, 2010.

30 알레산드로 마르초 마뇨 저, 윤병언 역,《맛의 천재》, 책세상, 2016.

31 알레산드로 마르초 마뇨 저, 윤병언 역,《맛의 천재》, 책세상, 2016, 243쪽.

32 지허 스님,《선방일기》, 불광출판사, 2010, 14~15쪽.

33 《봉녕사 사찰음식 대향연》, 봉녕사, 2018.

34 정한진,《왜 그 음식은 먹지 않을까》, 살림, 2008.

35 존 하비 저, 윤영삼 역,《이토록 황홀한 블랙》, 위즈덤하우스, 2017.

36 〈Holy cow! India is the world's largest beef exporter〉, CNN, 2015년 8월 5일.

37 〈모디 총리 집권 5년차⋯⋯ 쪼그라든 인도 소 산업〉,《경향신문》 2018년 7월 18일.

38 〈모디 총리 집권 5년차⋯⋯ 쪼그라든 인도 소 산업〉,《경향신문》 2018년 7월 18일.

39 최창모,《금기의 수수께끼》, 한길사, 2003.

40 Shluchim Office, "Kosher for spiritual fitness", 2014.

41 민텔 사이트(www.mintel.com), "3 in 5 Kosher Food Buyers Purchase for Food Quality, Not Religion".

3부.

1 차이쯔 창 저, 이화진 역,《정치인의 식탁》, 애플북스, 2017.

2 니노 로 벨로 저, 이영수 역,《백과사전에도 없는 바티칸 이야기》, 생활성서, 2001, 69쪽.

3 니노 로 벨로 저, 이영수 역,《백과사전에도 없는 바티칸 이야기》, 생활성서, 2001, 86쪽.

4 니노 로 벨로 저, 이영수 역,《백과사전에도 없는 바티칸 이야기》, 생활성서, 2001, 119쪽.

5 선재 스님,《당신은 무엇을 먹고 사십니까》, 불광출판사, 2016, 169쪽, 174쪽.

6 미카 리싸넨, 유하 타흐바나이넨 공저, 이상원·장혜경 공역,《그때 맥주가 있었다》, 니케북스, 2017.

7 무라카미 미쓰루 저, 이현정 역,《맥주, 문화를 품다》, RHK, 2012.

8 　백종구, 〈한국 개신교 절제운동의 기원과 전개 – 금주운동을 중심으로〉,《한국기독교신학논총》27, 2003.

9 　대니얼 기퍼드 저, 심현녀 역,《조선의 풍속과 선교》, 한국기독교역사연구소, 1995(윤은순, 〈초기 한국 기독교의 금주금연 문제〉,《한국 기독교와 역사》32, 2010, 7쪽에서 재인용).

10 　오현석, 〈술 마시면 지옥? 복날에 개고기는 미신?〉, 이찬수 등,《식탁의 영성》, 모시는사람들, 2013.

11 　윤은순, 〈초기 한국 기독교의 금주금연 문제〉,《한국 기독교와 역사》32, 2010.

12 　윤은순, 〈1920~30년대 기독교 절제운동의 논리와 양상 – 금주금연운동을 중심으로〉,《한국민족운동사연구》59, 2009.

13 　성기문,《기독교 역사 속 술》, 시(示)커뮤니케이션, 2017, 163쪽.

14 　오현석, 〈술 마시면 지옥? 복날에 개고기는 미신?〉, 이찬수 등,《식탁의 영성》, 모시는사람들, 2013.

15 　제프 헨더슨 저, 나선숙 역,《나는 희망이다》, 노블마인, 2009, 203~204쪽.

16 　헨미 요 저, 박성민 역,《먹는 인간》, 메멘토, 2017, 155쪽.

17 　굿뉴스(www.catholic.or.kr).

18 　안용근,《한국인과 개고기》, 효일, 2000, 21쪽.

19 　안용근,《한국인과 개고기》, 효일, 2000, 21쪽.

20 　문익환,《문익환 전집》9, 사계절, 1999, 60~61쪽.

21 　일본《가톨릭 신문》2019년 4월 21일.

22 　〈편지로 읽는 스님 이야기〉,《법보신문》, 2014년 2월 7일.

23 　도현신,《전쟁이 요리한 음식의 역사》, 시대의창, 2011.

24 　김응철, 〈수행식으로서 사찰음식의 정체성과 대중화 방안 모색〉, 사찰음식 학술세미나 자료집《서울 진관사 사찰음식》, 2018년 6월.

25 　〈광우병, 조류독감, 불안한 밥상, 고기 맛 채식 각광〉,《불교신문》, 2008년 5월 14일.

26 　후촨안 저, 박지민 역,《일본, 엄청나게 가깝지만 의외로 낯선》, 애플북스, 2016.

27 　이욱정,《누들로드》, 예담, 2009.

28 　후지이 마리 저, 강성욱 역,《마음을 맛있게 채워주는 일본 사찰요리》, 푸르름, 2013.

29 　후지이 마리 저, 강성욱 역,《마음을 맛있게 채워주는 일본 사찰요리》, 푸르름, 2013, 13쪽.

사진 제공 및 출처

- shutterstock : 19, 24, 31, 35, 38, 42~43, 48, 54, 61, 68, 79, 82~83, 88, 91, 95, 117, 122, 129, 138, 143, 146~147, 156, 158~159, 166, 172, 183, 196~197, 205, 210, 212, 217, 222, 235, 243, 244쪽
- 박경은 : 64, 73, 108, 109, 130, 133, 151, 188, 249, 256, 281, 291, 292쪽
- 위키피디아 : 162, 176, 178~179쪽
- 한국불교문화사업단 : 74쪽
- 지정환 신부님 : 284쪽